Karin & Gerold Voß

Sanat Kumara

Die Erde ist behütet

ALL-TAG neu erleben

Bitte fordern Sie unser kostenloses Verlagsverzeichnis an:

Smaragd Verlag
In der Steubach 1
57614 Woldert (Ww.)
Tel.: 02684-97848-10
Fax: 02684-97848-20
E-Mail: info@smaragd-verlag.de
www.smaragd-verlag.de

Oder besuchen Sie uns im Internet unter der obigen Adresse.

© Smaragd Verlag, 57614 Woldert (Ww.)
Deutsche Erstausgabe: Januar 2014
Umschlagmotiv: Angelika Reuter, Holzminden
© Cover: Karin & Gerold Voß
Umschlaggestaltung: preData
Satz: preData
Printed in Czech Republic
ISBN 978-3-95531-030-1

Karin & Gerold Voß

Sanat Kumara

Die Erde ist behütet

ALL-TAG neu erleben

Smaragd Verlag

Über die Autoren

 Gerold und Karin Voß, beide Jahrgang 1955, sind seit 1977 verheiratet und haben zusammen vier erwachsene Kinder und zwei Enkelkinder.

1991 kamen sie durch Ohrenprobleme ihrer Tochter mit Reiki in Kontakt, wodurch das Interesse an der Geistigen Welt und allen damit verbundenen Themen geweckt wurde.

Es war die Vorbereitung auf den stärksten Weckruf für sie, als ihr Sohn im Jahr 2006 Heiler wurde. Seine Ausstrahlung und Fähigkeiten führten dazu, dass der Seelenplan für alle Familienmitglieder deutlicher wurde.

2008 gab Gerold seinen Beruf auf, und im gleichen Jahr channelte er spontan Saint Germain vor einer Meditationsgruppe. Sanat Kumara, der Hüter und Logos der Erde, ist eng mit der Familie verbunden und begleitet sie durch alle persönlichen Prozesse. Weitere Aufgestiegene Meister/innen der göttlichen Strahlen sind dazugekommen, um heilende und klärende Botschaften für die Menschen durchzugeben.

Gerold und Karin geben heute als Kristallfamilie die Botschaften für die Neue Erde über Bücher, Videos im Internet, Seminare, Workshops und andere Veranstaltungen weiter.

www.kristallfamilie.de

Dieses Buch ist der Erde

und ihren Bewohnern gewidmet.

Inhalt

Vorwort der Kristallfamilie

Mit St. Germain und Sanat Kumara hat sich Gerold als Medium in diesem Leben verabredet. Wir, Karin und Gerold, fühlen uns, wie viele andere auch, als Team um Sanat Kumara, den Hüter und Logos der Erde, der alle Energien hier hält und niemals daran gezweifelt hat, dass die Menschheit es schafft, mit der Erde in den Aufstieg zu gehen.

Sanat Kumara 2009:
Ihr seid so etwas wie der verlängerte Arm, die Hand der Geistigen Welt, die tätig wird, um den Menschen mehr Informationen zu geben, dass diese Welt, in der ihr alle lebt, viel mehr Dimensionen hat als die, die ihr seht.

Sanat Kumaras feine Energie ließ Gerold erst durch, nachdem St. Germain ihn mit seinen forschen Energien überzeugt hatte, dass es nicht schlimm ist, die Worte der Meister am Verstand vorbeifließen zu lassen.

Die Texte sind in der Gruppe entstanden, die am Anfang eine reine Meditationsgruppe war. Zu Beginn erzählte jeder kurz, was ihn bewegte, und dann kam die Durchsage zu der Energie, die im Feld der anwesenden Menschen war.

Bärbel, unser Schreibengel, war so begeistert von den Botschaften, dass sie sich anbot, alles niederzuschreiben. Bei einem privaten Channelabend erzählte uns Sanat Kumara, dass wir uns mit ihm verabredet hätten, um Bücher zu schreiben. So entstand ein Buch mit seinen Texten im

Eigenverlag mit dem Titel „2012 – Die Erde ist behütet".

Da sie zeitlos schön sind und viele All-Tags-Probleme ansprechen, entschlossen wir uns, sie mit geistiger Unterstützung zu überarbeiten, um sie hochaktuell für diese Zeit der Neuausrichtung nach 2012 weiteren Lesern zur Verfügung zu stellen. Wir waren bei der Überarbeitung erneut gerührt, wie viel Energie und Liebe über die Worte von Sanat Kumara transportiert werden.

Mittlerweile arbeiten verschiedene Meister/innen der zwölf göttlichen Strahlen, die für den Aufstiegsprozess auf unsere Körperenergien einwirken, mit uns zusammen.

Viel Spaß beim Lesen und Eintauchen in die Energie von Sanat Kumara.

Karin & Gerold

Vorwort von Sanat Kumara

Meine Botschaften in diesem Buch zeigen vor allem meine und die Liebe der Geistigen Welt zu euch. Sie spiegeln das Verständnis und die Liebe wider, die wir euch für alle eure „Probleme" entgegenbringen. Sie sind eine Anleitung, die beschreibt, wie ihr mit den Herausforderungen umgehen könnt, die euch auf irdischer Ebene manchmal bedrängen und in Situationen bringen, in denen ihr oft weder ein noch aus wisst. Die Durchsagen sollen euch helfen, in den nächsten Jahren mit der Entwicklung, die auf der Erde geschieht, zurechtzukommen, ohne dass ihr durch euch sowie von außen zu sehr unter Druck geratet.

Es geht darum, eure Einstellungen, Muster und Vorstellungen von dem, was ihr erlebt, immer wieder zu beleuchten und zu schauen: Wer seid ihr tatsächlich? Was ist eure aktuelle Wahrheit zu den verschiedenen Themen, und wie ändert sich eure Wahrnehmung? Welche Muster lösen sich auf, und welche Vorstellungen gehen in die Wandlung, da sie nicht in die Neue Zeit passen? Wie geschieht das in Bezug auf die Neue Erde und die sich entwickelnden Gesellschaftssysteme?

Die Botschaften sind eine innere Wegbeschreibung für eine neue Art und Weise, miteinander umzugehen. Die Menschen werden die Verbundenheit mit allem erleben und sich so entwickeln, dass sie in Liebe all-eins sind.

Sanat Kumara – Hüter und Logos der Erde

ICH BIN Sanat Kumara.

Ich grüße euch im Namen der Einheit, im Namen Vater/Mutter Gottes, der Quelle, der Schöpfungskraft.

Ich habe vor langer Zeit zugestimmt, Hüter und Logos des Planeten Erde zu sein. Gerne und voller Liebe habe ich diese manchmal herausfordernde Aufgabe übernommen und möchte für alle Wesen und die Erde auf ihrem Weg die Energie sein, die euch alle hält, während ihr in dieser Zeit des Wandels die Grundlagen der Erfahrungen der Dualität verändert.

Zunächst einmal möchte ich euch erzählen, wer und was ich bin. Ich bin ein Wesen, ein Geistwesen, das vor vielen tausend Jahren selbst eure jetzigen Erfahrungen gemacht hat. Ich war niemals auf der Erde inkarniert, sondern auf einem anderen Planeten, der aber eurer Erde ähnelt. Ich machte die Erfahrung der Dualität, der Trennung, des Schmerzes und der Liebe. Alle diese Erfahrungen nahm ich mit und stieg in die Geistigen Welten auf. Innerhalb dieser Geistigen Welten wurde ich von meinen geistigen Lehrern und Führern zum Logos ausgebildet und fühlte, dass diese Aufgabe mich selbst ausfüllen würde, da diese Energie alles hielt, was auf einem Planeten getan werden wollte.

Während meiner Ausbildung war ich meistens auf der Venus. Hier hatte ich Begegnungen mit anderen Aspiranten, die auch zum Logos ausgebildet wurden und meine Brüder und Schwestern sind. Mit ihnen habe ich heute noch Kontakt, da sie ebenfalls Logi von aufsteigenden

Planeten sind. Wir haben ein Projekt des Aufstiegs vieler Planeten und Systeme, das in dieser Zeit realisiert wird, und ihr seid Teil dieses Projekts.

Ihr habt kollektiv mitentschieden, dass dieses Projekt auch die Erde beinhalten soll, und es freut mich, dass wir gemeinsam diese Herausforderung angenommen haben. In den vielen Jahren, in denen ich jetzt mit der Erde und allen Wesen auf ihr verbunden bin, habe ich eine tiefe Liebe zu allem entwickelt, was hier existiert, und es ist meine größte Freude, dass die Erde 2012 die Dualität überwunden hat. Durch euch Menschen, die ihr als Einzige den freien Willen habt, war es bis zuletzt relativ unsicher, ob ihr euch 1987 tatsächlich dafür entscheiden würdet, diesen Weg zu gehen. Doch jetzt seid ihr dabei.

Es gab eine kollektive Entscheidung, die ihr nicht unbedingt bewusst bemerkt habt, ein Komitee in den Geistigen Welten, das den Bewusstseinsstand des Planeten und seiner Bewohner gemessen hat und auch heute immer wieder misst, um eine Grundlage zu haben, wie die Arbeit weitergeführt werden kann. Was in vielen Prophezeiungen vorausgesagt wurde, wird es nicht geben – kein Armageddon, keine Katastrophe, in der die Erde komplett untergeht. Diese Szenarien sind nicht mehr möglich.

Die Erde ist sicher, denn sie ist vollständig in meiner Obhut. Gleichwohl gibt es Reinigung und Klärung für die Wesen auf der Erde. Auch euren Körper trifft hier und da ein Durchfall oder eine Bronchitis, wodurch ihr eure Schlacken ausscheidet. Auch die Erde wird noch ab und zu an den erforderlichen Stellen aufbrechen und etwas zum Ausgleich von sich geben. Sie wird auch mit Wind und Wasser arbeiten, um etwas wegzuwehen, wegzuwaschen, was jetzt noch unangenehm und störend ist. Hier wird es Ausgleichs- und Umwandlungsprozesse geben, die durch den Aufstieg bedingt sind.

Ihr werdet häufiger Hilfsorganisationen starten müssen, um den Überlebenden dieser Regionen zu helfen. Das ist auch eine wichtige Aufgabe. Und diejenigen, die es auf sich genommen haben, in den Regionen zu leben und das zu erfahren, was dort an Umwandlung passiert, haben auch eine wichtige Aufgabe übernommen. Es ist für sie auf geistiger Ebene in Ordnung, dass einige diese Welt verlassen, um andere Aufgaben zu übernehmen und dieses hier möglich zu machen. Es ist ein Dienst für die Erde, den die Menschen in diesen Regionen tun. Diejenigen, die entschieden haben, nach solchen Katastrophen weiterzuleben, brauchen natürlich die Hilfe der restlichen Welt.

Es ist an euch zu zeigen, wie stark ihr euch mit allen Regionen, Kulturen und auch Religionen dieses Planeten verbunden fühlt. Durch euer Verhalten zeigt ihr euer Bewusstsein. Die Regierungen, in denen die Katastrophen geschehen, zeigen durch die Öffnung oder Nicht-Öffnung ihrer Staaten, wie sie zum Rest der Erde stehen. Ob es tatsächlich abgrenzende und sich einmauernde Charaktere sind, die diese Staaten lenken, oder ob es offene, warmherzige Menschen sind, die alle Hilfe der Welt ohne Bedingungen annehmen, um ihrer Bevölkerung so viel Leid wie möglich zu ersparen.

Hier werdet ihr die Unterschiede sehen. Es kommt dazu, dass in einer Region, in der Enge und Begrenzung herrschte, durch Wind, Wasser und andere Kräfte, manchmal auch durch Feuer und Erde, Veränderungen in Gang gesetzt werden, die dann auch bei den Menschen nach und nach ankommen.

Seid also gewiss: Die Erde ist aufgestiegen, und ihr folgt ihr. Ihr könnt entscheiden, ob ihr es in diesem Körper tut, oder ob ihr ihn lieber noch einmal verlasst und auf anderem Weg aufsteigt. Es ist eine Zeit, in der beides möglich ist. Wenn ihr die Reinigung eures Körpers erfahrt, wird auch das nicht ohne kleinere oder größere Veränderungen in euch ablaufen. Es sind Schlacken, die sich lösen und aus euch heraus wollen. Umbauprozesse in eurem Kopf, eurer Zirbeldrüse, eurem Nervensystem, eurem Hormonsystem bis hin zu euren Muskeln und Knochen finden statt, die nicht immer ohne Schmerzen einhergehen.

Wenn es euch zu viel werden sollte, bittet eure Geistführer oder mich darum, die Schmerzen einzudämmen. Dann werdet ihr vielleicht auch eine Nacht wieder gut schlafen können.

Es hängt von eurem Bewusstsein ab: Je mehr ihr euch gegen das wehrt, was ist, je mehr ihr euch sperrt und gegen die Dinge ankämpft, die in euch passieren, desto stärker werdet ihr diese Umbauschmerzen spüren. Doch je mehr ihr ins Vertrauen geht, dass wir in der Geistigen Welt wissen, was wir tun, desto leichter wird es für euch. Wir tun es ja nicht alleine, sondern gemeinsam mit eurem Hohen Selbst, euren Geistführern und Schutzengeln. Es ist nichts, was gegen euren Willen passiert, auch wenn euer Ego und euer Verstand manchmal rebellieren.

Es ist ein Umbauprozess auf geistig/seelischer Ebene, der euch alle auf den Weg bringt aufzusteigen, euer Bewusstsein zu entfalten, so, wie die Erde es getan hat. Dieser Prozess geht nur gemeinsam mit allem, was auf der Erde lebt. In diesem Zusammenhalt bin ich sozusagen derjenige, bei dem die Fäden zusammenlaufen. Ich kenne jeden Einzelnen von euch, denn ich bin mit euren Schutzengeln, Geistführern und eurem Hohen Selbst verbunden. Ich bin mit der Erde, dem Reich der Pflanzen und dem der Tiere verbunden. Es läuft alles wie in einer großen Zentrale bei mir zusammen. Ich darf euch versichern, dass sich bisher alles in einer Geschwindigkeit entwickelt, die wir in der Geistigen Welt so schnell nicht erwartet hatten. Durch euren Schwung, mit dem ihr vorangeht und eure Ziele immer wieder neu festlegt, ist vieles, was für einen späteren Zeitpunkt angedacht war, zum Teil schon jetzt umgesetzt. Ihr habt sehr gute Arbeit geleistet, und das ist erst der Anfang.

Es geht nun darum, in euch immer mehr zu erkennen, welche Muster aus der Vergangenheit ihr noch in euch tragt, die weggespült werden dürfen, da sie euch in eurer Entwicklung blockieren. Zum Beispiel fallt ihr immer noch in das Muster, eure Mitmenschen zu bewerten.

Als ich in der Ausbildung zum Logos war, musste ich als Erstes lernen, niemanden zu bewerten und alles zu unterstützen, was der Freiheit des Einzelnen dient. Das forderte mich in dieser Zeit auch heraus, weil natürlich jeder, der in irgendeiner Form eine Arbeit leistet, sehen möchte, dass sie auch vorankommt. Manchmal ist es schwer, abzuwarten und zu sehen, dass die Wesen, die ich unterstütze, lieber einen Umweg gehen, statt die Abkürzung zu nehmen. Dann ist es eine Herausforderung, sich zurückzunehmen und den Menschen mit allem, was er tut, so anzunehmen und zu lieben, wie er ist. Das fällt mir inzwischen leicht, denn ich weiß, dass jeder von euch immer wieder zurück auf den Weg des Aufstiegs findet, auch wenn ihr zum Teil noch Umwege braucht, weil ihr noch eine Erfahrung mitnehmen oder eine besondere Beziehung leben möchtet, die vielleicht nicht förderlich für euren Aufstieg und eure Weiterentwicklung ist.

Auf der anderen Seite habe ich immer wieder festgestellt, dass, wenn diese Umwege nicht gegangen werden, bei den Menschen eine Unzufriedenheit zurückbleibt, die den Aufstieg hemmt. Also ist mancher eurer Wege, den wir als Umweg sehen, aus eurer Sicht doch kein Umweg. Deshalb ist alles gut so, wie es ist.

Das Wichtigste an eurem Aufstieg ist die Liebe, die Liebe zu euch selbst. Mein Bruder Sananda, der vor mehr als 2000 Jahren auf dieser Erde als Jesus lebte, hat diese Lehre in eure Welt hineingetragen. Es wurde immer davon gesprochen, deinen Nächsten zu lieben, deinen Mitbruder, deine Mitschwester. Aber er sagte: „Liebe deinen Nächsten wie dich selbst." Und das ist tatsächlich so gemeint: Liebe an erster Stelle *dich* selbst.

Betrachte dich ohne Bewertung mit all deinen Anteilen. Sieh, wie du bist, wie dein Körper ist, was dein Geist denkt, was deine Gefühle fühlen. Spüre, wie vollständig und umfangreich du dich jeden Tag neu erschaffst. Nimm wahr, dass deine Gedanken die Schöpfer deines Lebens sind, dir deine Gefühle Hinweise geben und Gedanken entstehen lassen und *du* aus deinem Selbst heraus entscheiden sollst: „Welcher Gedanke hat für mich jetzt schöpferische Kraft? Ist es der Gedanke, der mir sagt: Das wird doch wieder nichts. Ich sehe das schon im Ansatz, dass hier wieder alles schiefläuft? Dann fühlst du dich am nächsten Tag bestätigt, wenn alles schiefgelaufen ist. Nichts hat so funktioniert, wie du es geplant hattest, weil du schon im Ansatz mit diesen Gedanken eine Kraft in das Projekt hineingegeben hast, die es nur zum Scheitern bringen konnte.

Selbst wenn dir deine Erfahrungen, die du in diesem und in vergangenen Leben gemacht hast, signalisiert haben, dass dieses Projekt in dieser Form auf sehr wackligen Füßen steht, hättest du einige Korrekturen anbringen und sagen können: „So, jetzt werde ich dieses Projekt gut umsetzen. Ich werde mir Hilfe holen, und dann werden wir es schaffen." Auch das wäre ein Gedanke gewesen, der schöpferische Kraft hat. Damit wärst du anders an dieses Projekt gegangen und hättest den Erfolg deiner Gedanken gespürt, weil diese deinem Herzen entsprungen wären. Natürlich muss auch das Gefühl dabei sein. Es nutzt dir nichts, wenn du sagst: „Das Projekt machen wir jetzt, und das wird gut", und tief in deinem Herzen spürst du: „Nein, dieses Projekt kann nicht klappen." Wenn du trotzdem positiv weitersprichst, um die Energie zu stärken, dass sich das Projekt gut entwickelt, wird es nicht funktionieren, weil dein inneres Gefühl dir sagt: „Es geht nicht."

Bei aller schöpferischen Kraft, die du entwickelst, achte immer darauf, dass dein Gefühl und deine Gedanken im Einklang mit dem schöpferischen Projekt sind, das du umsetzen willst. Nur dann kannst du tatsächlich Mitschöpfer auf der Ebene Gottes sein, auf der Ebene hoher Geistwesen. Das ist die Voraussetzung. Die zweite Voraussetzung ist, dass jedes Projekt, das du angehst, zum Wohl aller sein sollte. Projekte, die nur dich oder bestimmte Personen bevorzugen, werden von der Gesamtschöpferkraft nicht unterstützt. Du kannst Mitschöpfer sein, wenn du ein Projekt entwickelst, das alle fördert.

Das fängt im Kleinen bei dir an, indem du entscheidest, wie du den Tag beginnst. Du kannst ihn mit negativen Gedanken, schlechten Gefühlen und schlechter Laune beginnen, und es wird ein Tag werden, bei dem du abends froh bist, dass er vorbei ist. Oder du beginnst ihn mit Liebe zu dir und der Einstellung, dass die Sonne immer scheint, auch hinter den Wolken, und du diesen Tag für dich nutzen möchtest, und sei es, einen ganzen Tag auf dem Sofa zu liegen und zu träumen. Auch das kann ein hohes Ziel sein. Es müssen nicht immer arbeitsame Ziele sein, die es umzusetzen gilt.

Ihr habt eure Schöpfung, wie ihr euch fühlt und wer ihr seid, selbst – ich will nicht sagen in eurer Hand – in eurem Gefühl, Geist und Herzen. Wenn ihr diese Ebenen zusammenbringt und eins seid, habt ihr den ersten Schritt getan, dass sich eure Schöpfung umsetzen kann.

Dieses Bewusstsein entsteht immer mehr auf der Erde, denn es gibt schon viele Menschen, die die Prinzipien der göttlichen Gesetze immer besser durchschauen und erkennen. Auf diesem Weg werdet ihr viele Erfahrungen machen und immer stärker mit der Geistigen Welt verbunden sein. Wir werden in dieser Zeit die Schleier mehr und mehr anheben, sodass ihr dahinterschauen und sehen könnt, was als Nächstes ansteht. Damit ihr besser erkennt, wer euch aus der geistigen Ebene hilft und was ihr für den Aufstieg der Erde und ihrer Bewohner tun könnt.

Jeder von euch hat seine Aufgabe, die ihr euch schon ausgesucht habt, bevor ihr in diesen Körper hineingegangen seid. Für manche kommt jetzt oder in nächster Zukunft der Zeitpunkt, zu erwachen und zu erkennen: „Welche ist meine Aufgabe, und was darf ich tun, um meinen Teil dazu beizutragen, was jetzt gebraucht wird?"

Manche werden wie mein Partner Durchsagen von der Geistigen Welt übermitteln, andere die Neuen Kinder unterstützen, wieder andere werden sich um alte Menschen kümmern – ihnen an ihrem Lebensabend zur Seite stehen und ihnen beim Übergang in die geistigen Ebenen helfen. Dann wird es Menschen geben, die durch neue Erfindungen das Leben der Menschen erleichtern, indem die Belastungen für die Umwelt verringert werden. Jeder wird seine Aufgabe haben. Es wird Menschen geben, die über Artikel oder Bücher Neuigkeiten verbreiten, und Menschen, die im Stillen arbeiten und mit ihrer inneren Kraft die Energie halten, so, wie ich es auch tue.

Ich mische mich nicht ein, sondern lasse alles so sein, wie ihr es wollt. Ich liebe jeden von euch für seine Art, das Leben zu leben, und respektiere die Geschwindigkeit eurer Entwicklung. Es gibt viele Menschen, die im Hintergrund die Kraft und Energie halten, um anderen die Möglichkeit zu geben, nach außen aktiv zu werden, denn dazu braucht es immer eine Kraft, die im Hintergrund wirkt.

In diesem Gleichgewicht der Kräfte balanciert ihr jeden Tag die Kräfte der Erde und der Menschheit neu aus. Wenn ihr bei euren Nachrichten zwischen den Zeilen lest, fühlt ihr schon, dass sich manches zum Positiven entwickelt und es Dinge gibt, die ihr vor einigen Jahrzehnten noch nicht zu träumen gewagt hättet – Entwicklungen in Richtung Frieden und gegenseitiger Anerkennung, die früher so nicht möglich gewesen wären. Ihr werdet, wenn ihr genau hinschaut, die Zeichen erkennen, dass die Menschheit und die Erde tatsächlich auf einem neuen Weg sind, hin zu Frieden und gegenseitiger Anerkennung. Dieser Weg ist nicht mehr aufzuhalten.

Die Menschen, die noch in der alten Energie sind und lieber mit Krieg, Missgunst, Neid und anderen negativen Dingen spielen, mit denen sie glauben, ihre Macht erhalten zu können, werden sich nicht mehr durchsetzen können. Es wird vielleicht in dem einen oder anderen Land noch Dinge geben, die auf- und hochkochen, aber auf globaler Ebene wird es ihnen nicht mehr möglich sein, die absolute Macht zu bekommen. Das habt ihr als kollektives Bewusstsein der Menschheit erreicht.

Es ist euer Verdienst, und ihr seid weiter auf dem Weg. Ihr werdet von mir auf der Erde gehalten, so, wie es andere – Kollegen von mir – auf anderen Planeten und in anderen Systemen tun. Ihr werdet die Erde verändern, so, wie ihr sie euch für eure Kinder wünscht. Sie wird ein Planet werden, auf dem ihr in Frieden und Freiheit miteinander leben könnt und mit vielen anderen eine Gesellschaft bildet, die von herzlicher Zuneigung und Liebe zueinander geprägt ist, in der jeder dem anderen alles gönnt und sich alle in dem Maß unterstützen, in dem es gewünscht und erforderlich ist.

Ihr geht in ein Zeitalter, das die Erde so noch nicht gesehen hat, und ihr könnt auf diesem Weg die Pioniere sein. Ihr seid dabei und hört euch die Lehren aus der Geistigen Welt an. Ihr hört euch an, was ich hier zu sagen habe, ihr könnt es in eurem Herzen bewegen und euch entscheiden, euren Teil zu einem bewussteren Alltag beizutragen.

Ihr seid begleitet, nicht nur von mir, sondern von vielen Helfern aus der Geistigen Welt. Sie warten nur darauf, dass ihr sie ansprecht und um Unterstützung bittet. Diese Unterstützung wird euch gewährt, und ihr werdet fühlen, dass ihr manchmal sogar getragen werdet, und immer, wenn ihr mutlos seid, durch diejenigen Helfer wieder Kraft und Mut schöpfen könnt, die mit euch sind. Manchmal sind es Menschen in eurer Umgebung, ein anderes Mal wir aus der Geistigen Welt.

Ruft uns, und sprecht auch Menschen in eurer Umgebung an, wenn ihr Hilfe braucht. Quält euch nicht allein. Ihr seid niemals allein. Wir sind immer da. Ruft uns!

Ich danke euch, dass ich jetzt bei euch sein kann, und verabschiede mich mit einer kleinen Herzensmeditation:

Fühle in deinen Herzensraum und spüre mit jedem Atemzug, wie er sich weitet, wie du dein Herz öffnest, der Atem in deinen Brustraum strömt und mit dem Atemstrom die Kraft der Geistigen Welt in dich hineinkommt. Spüre, wie über dein Herz die Energie im ganzen Körper verteilt wird, wie deine Zellen anfangen zu vibrieren und sich mit der Kraft aufladen, die jetzt in diesem Raum ist. Fühle, wie du und deine Liebe zu dir mehr und mehr gestärkt werden. Fühle, wie jede einzelne Zelle in deinem Körper von dir so angenommen und geliebt wird, wie sie ist. Sie leistet für deinen Körper liebevolle Arbeit, so, wie du sie für die gesamte Menschheit leistest.

So, wie die Zellen in deinem Körper miteinander ver-bunden sind und an einem gemeinsamen Projekt arbeiten, dem Projekt Mensch, arbeitest auch du an dem Projekt Menschheit als das Wesen, das du bist. Fühle tief in deinem Herzen die Liebe, die du mitbringst, um deine Aufgabe im Projekt Menschheit zu erfüllen. Fühle dich von allen Wesen der Geistigen Welt geehrt und geliebt. Sei gewiss, dass wir immer mit dir fühlen und dich so anerkennen und lieben, wie du bist.

ICH BIN Sanat Kumara, und ich grüße euch im Namen der Einheit, aus der alles kommt und zu der alles zurück-geht.

Die Geschichte der Erde und ihr Wandel

ICH BIN Sanat Kumara.

Ich grüße euch im Namen der Quelle, aus der alles kommt und zu der alles zurückgeht. Ich grüße euch im Namen des Lichts und der Liebe, die alles durchströmt, was ist.

Nun will ich euch einen geschichtlichen Überblick über die Anfänge dieses Planetensystems bis zum heutigen Tag geben. Es soll ein kurzer Abriss über Äonen von Zeiten sein, über Möglichkeiten und Chancen, die in diesem riesigen Schöpfungsexperiment, liegen, das ihr alle mitgestaltet.

Ihr seid die Wesen, die in dieses Leben eingestiegen sind, in das Leben auf diesem Planeten, auf dem die Dualität in einer so tiefen Form erfahren und die Gegensätze so unterschiedlich gelebt werden konnten wie nirgendwo innerhalb der gesamten Schöpfung. Ihr wart sozusagen Pioniere im Abstieg, im Abstieg aus der Quelle heraus und hinein in die Gegensätze und das Vergessen.

Aber kommen wir zurück zu den Anfängen: Das Ein- und Ausatmen der Quelle aus reiner Liebe und reinem Selbstzweck, um zu sehen, was passiert, um sich auf einer Ebene wahrzunehmen, die nach menschlichem Bewusstsein nicht gespürt werden kann. Auf dieser Ebene geschieht Schöpfung selbstverständlich. Alles, was beim Ausatmen entsteht, entfernt sich etwas von der Quelle – wenn man überhaupt von Entfernung sprechen kann –, obwohl es immer noch vollkommener Teil der Quelle ist und immer sein wird. Was sich scheinbar entfernt, kann sich selbst wahrnehmen, kann absteigen und sich bis in eine Dimension weiterentwickeln, die ihr Materie nennen würdet, bis in eine Grobstofflichkeit, die in der Form, wie ihr sie kennt, berührt werden kann.

Bei diesem vor Äonen begonnenen Ausatmen der Quelle bildete sich am äußersten Rand des Universums das Sonnensystem, um das auch die Erde kreist. In diesem Sonnensystem, weit weg von der Quelle – wenn man in Zeit und Raum denkt –, gab es die Möglichkeit, etwas völlig Neues zu erfahren, was es so vorher nie gegeben hatte.

Es gab eine lange Vorbereitungszeit, die nötig war, um materielles Leben überhaupt zu ermöglichen, dass ein Planet materielles Leben in der Form, wie ihr es jetzt lebt, tragen und ernähren kann. Ihr seid sozusagen fast das Endergebnis eines äonenlangen Experiments, das ihr selbst mitentwickelt habt. Ihr wart bei den Anfängen dabei, und diejenigen unter den Geistwesen, die sich entschieden haben, ein solches Experiment zu wagen. Ihr standet an den Toren, wo ihr durchgelassen werden wolltet, um diese Erde zu erleben, zu spüren und alles zu erfahren und mitzunehmen, was es hier zu erfahren und mitzunehmen gibt.

Dann seid ihr aus euren Engelskörpern herausgestiegen, habt Teile von euch in den anderen Schwingungsebenen zurückgelassen, aus denen ihr gekommen wart, und seid in eine Schwingungsebene hinabgestiegen, um auch dort wieder etwas von dem zurückzulassen, was ihr nicht mitnehmen konntet. So seid ihr Stufe um Stufe hinabgestiegen und habt als reines Engelwesen, das ihr einmal wart, immer mehr eure Anteile auf allen Ebenen des Seins zurückgelassen, um dann mit einem Rest des göttlichen Funkens, einer Restverbindung, die nie abreißt, in diesen Körper und vollkommen in das Vergessen zu gehen und auf dieser Erde alles zu erfahren, was es zu erfahren gibt.

Das Spiel des Lebens auf der Erde war für euch eine großartige Sache, weil es euch viele neue Erfahrungen schenken konnte, und ihr habt sie alle ausgekostet. Ihr wart schon hier, als es Atlantis und Lemurien noch gab. Seit es Menschen gibt, habt ihr alle Zeiten auf der Erde durchlebt. Ihr habt alle Kulturen erlebt und seid jetzt an einem Punkt, an dem euch die Erde die Möglichkeit gibt, zurückzugehen. Die Quelle fängt wieder an, einzuatmen und alles langsam zurückzuholen, in sich zu integrieren. Und der Ruf geht auch an euch, und ihr vernehmt ihn auf die unterschiedlichste Art und Weise. Jeder so, wie er es sich, bevor er hierhergekommen ist, vorgenommen hatte. Der eine wird von seinem Nachbarn zu einem Seminar mitgenommen, der nächste hört etwas über eine Seite im Internet und schaut sie sich an, der dritte erfährt über seine Kinder etwas, das ihn vorher nie interessiert hat.

So geschehen auf vielerlei Art Entwicklungs- und Rückkehrmöglichkeiten nach Hause zur geistigen Familie. Ihr werdet, jeder auf seine Art, euren Weg gehen. Es gibt nicht nur einen Weg, sondern so viele Wege, wie es individuelle Seelen gibt. Und jeder von euch, der diesen Planeten belebt, ist eine solche Seele und kann nur auf seine persönliche Art und Weise den Weg zurückgehen. Ihr habt ihn euch schon vorher kreiert, könnt aber im Laufe eures

Lebens noch das eine oder andere verändern. Sozusagen Feinjustierungen vornehmen. Wenn ihr also nicht so sehr leiden möchtet, gibt es Abkürzungen, um aus dem Leiden herauszukommen und fröhlicher voranzugehen. Die Art, wie es geschieht, kann immer verändert werden. Ihr seid auf der Erde in einer Zone des freien Willens, in der nichts vorgeschrieben wird und alles von euch selbst kreiert werden kann, wenn ihr es denn wollt.

Das, was ihr jetzt durch das Einatmen der Quelle erlebt, ist der Rückruf. Ihr werdet eine Sehnsucht verspüren, mehr über die Geistige Welt zu erfahren. Es ist ein Sog, der euch zu Büchern führen wird, die euch Wissen vermitteln, das ihr vorher nicht kanntet. Das ist eine Möglichkeit, euch den Weg nach Hause zu weisen. Ihr werdet euer Bewusstsein immer mehr dem anpassen, was ihr die Geistige Welt nennt, die Welt hinter dem Schleier. Auf der Zeitschiene werdet ihr alle die gewählten Inkarnationen, die ihr hattet, wieder integrieren, das heißt, all euer Wissen, das ihr in verschiedenen Leben auf dieser Erde entwickelt und ausgeweitet habt, wird wieder zu euch kommen. Ihr werdet also wieder bewusst.

Dieses Bewusstsein werdet ihr haben, wenn ihr euch mit allem, was um euch ist, vollkommen eins fühlt. Dann werdet ihr alles intuitiv wissen und nichts mehr lernen müssen. Das Lernen ist dann ein Sich-Erinnern. Immer wenn ihr es gerade braucht, werdet ihr euch an etwas erinnern. Ihr werdet also nicht mit einem überdimensionalen Gehirn herumlaufen, das zehnmal so groß ist wie jetzt, sondern das, was sowieso schon vorhanden ist, effektiver nutzen und euer Körper/Geist/Seele-System auf eine Art miteinander vernetzt haben, dass ihr tatsächlich auf allen Ebenen gleichzeitig sein könnt. Dieses Sein auf allen Ebenen ist viel mehr als lineares Wissen, das nach und nach abgerufen werden kann. Es ist ein Wissen, das kompakt und vollständig sofort im Jetzt ist. Das ist etwas völlig anderes, als etwas auf einer Zeitschiene zu lernen. Wenn ihr in diesen Zustand des All-Eins-Seins gekommen seid, seid ihr komplett. Ihr seid dann voll bewusst und habt jederzeit alles Wissen und alle Weisheit, die ihr jemals benötigt. Und immer dann, wenn ihr zu einer Tat schreitet, werdet ihr alles Wissen haben, um das umzusetzen, was ihr tun möchtet.

Diese Dinge liegen in eurer linearen Zeit noch in der Zukunft, aber ihr seid auf dem Weg, sie zu entwickeln. Die Quelle fängt an einzuatmen, und alles geht wieder zu ihr zurück. Ihr werdet als Erstes in die nächste Dimension einsteigen. Es ist sozusagen wie das Umsteigen von einem Bummelzug in einen Schnellzug. Ihr werdet also die Geschwindigkeit eurer Bewusstseinsveränderung innerlich spüren. Es wird ein Schwingungsunterschied sein, den viele von euch als Müdigkeit und Abgespanntheit wahrnehmen. Ein Gefühl, das euch herunterzieht und bei dem ihr den Eindruck habt, nicht voll bei der Sache zu sein. Und das ist auch so. Diejenigen von euch, die sich innerlich entschieden haben, auf dem Weg nach Hause jetzt einen Schritt voranzugehen, werden auf innerer Ebene umgebaut. Die Zellen werden verändert. Im Körper werden Bahnen geschaffen, damit sich das Licht und die Liebe besser über alle Zellen ausbreiten können. Auf diesem Weg werden alle Möglichkeiten genutzt, die bei euch vorhanden sind. Und manchmal werdet ihr dafür sozusagen stillgelegt.

Wenn ihr in einem solchen Zustand der Apathie oder des Nichtstuns vor euch hindämmert, geschieht in eurem Inneren viel mehr, als ihr denkt. Dort werden die Schaltstellen zwischen eurem hormonellen System und eurem Nervensystem neu ausgerichtet, neu kalibriert, würde man sagen. Das alles geschieht, damit ihr euer Bewusstsein in dieser höheren Schwingung benutzen und im All-Eins-Sein erfahren könnt. Nach und nach wird eine Schaltstelle nach der anderen umprogrammiert. Ihr werdet neben der Müdigkeit auch noch andere Symptome haben, die euch nicht gefallen, zum Beispiel Schmerzen in den Muskeln oder in den Knochen, Unwohlsein in euren Organen und in eurem Verdauungssystem, Kopfschmerzen und andere Nervenschmerzen, die aber mit der Zeit wieder verschwinden.

Lasst euch davon nicht beunruhigen. Vieles von dem, was ihr erleben werdet, bis hin zur völligen Apathie eures Körpers, wird euch das Gefühl geben, euch nicht rühren zu können und euch nur noch vom Bett aufs Sofa und wieder zurückzubewegen. Solche Tage werden zwar selten sein, aber sie werden vorkommen. Es liegt an euch, wie ihr damit umgeht. Quält euch nicht, in einem solchen Zustand eure normale Tätigkeit auszuüben, sondern nehmt euch an diesen Tagen frei und lasst geschehen, was geschehen will. Es ist viel mehr, als ihr euch in eurem normalen Tagesbewusstsein vorstellen könnt, also kämpft nicht dagegen an, sondern seid euch bewusst, dass hier harte Arbeit geschieht. Es kann sein, dass dies von eurer Umwelt belächelt und mit folgenden Sätzen kommentiert wird: „Nun reiß dich doch mal zusammen! Es geht doch! Ich mach das doch auch!" Lasst solche Worte nicht an euch heran, wenn ihr euch zurückzieht, sondern erwidert: „Ich kann heute wirklich nicht. Es geht nicht. Ich brauche eine Pause."

Seid nachsichtig, freundlich und liebevoll mit eurem Körper, der von euch in die nächst höhere Schwingung mitgenommen werden will. Gerade euer Körper wird am meisten umgebaut werden müssen, um diese Schwingungen gut zu verkraften und zu integrieren. Ihr braucht ihn auch dafür, weil ihr nur *mit* dem Körper in diese Dimension gehen könnt. Ein anderer Weg wäre es, diesen Körper so zu verlassen, wie ihr es kennt, über den Tod, um dann neu geboren zu werden und mit einem frischen Körper das Experiment erneut zu durchleben.

Doch viele von euch sind jetzt mit bestimmten Aufgaben hier und wollen den Dimensionswechsel für die gesamte Menschheit in dem Maße mittragen, wie sie es können. Dafür sind auch viele vorherige Erfahrungen eures Körpers notwendig, zum Beispiel, wie Menschen miteinander leben und umgehen, damit ihr eine gute Quelle für diejenigen seid, die mitgehen möchten. Ihr seid sozusagen Begleiter, Führer und Lehrer für Menschen, die sich auch auf den Weg machen möchten. In erster Linie Begleiter mit einem etwas höheren Erfahrungsschatz, der dann allen zugutekommt.

Dieses gegenseitige Begleiten und Unterstützen wird sich in einer Gesellschaft der Zukunft, die jetzt auf eurer

Erde beginnt, mehr und mehr entwickeln. Das Ellenbogendenken, das Sich-gegeneinander-Abgrenzen früherer Zeiten wird nach und nach der Vergangenheit angehören, und ihr werdet Gesellschaften bilden, die sich gegenseitig unterstützen und in denen jeder das tut, was zu ihm passt und für das er hierhergekommen ist. Ihr werdet euch nicht mehr zwingen, Dinge zu tun, die ihr eigentlich nie tun wolltet, nur um in einer Gesellschaft zu bestehen.

So wird nach und nach durch diese Bewusstseinsanhebung die Veränderung eures Körpers und die Anhebung eurer Bewusstseinsebene der Übergang in die nächste, in die Fünfte Dimension eingeleitet. Ihr steht an der Schwelle und entscheidet, wie weit ihr mitgeht. Jeder in seiner Geschwindigkeit. Es gibt immer einige, die voranstürmen, und andere, die skeptischer sind und erst einmal abwarten, was die Vorangegangenen für Erfahrungen mitbringen. So wird es ein spielerisches Hinübergehen in die nächste Dimension sein.

Dabei werden diejenigen, die nicht mitgehen wollen und noch Widerstände zeigen, auch die Möglichkeit haben, in ihrer eigenen Welt zu bleiben. Es wird niemand gezwungen, mitzugehen. Erst ab dem Zeitpunkt, an dem der Aufstiegsprozess für alle Wesen vollständig abgeschlossen ist, werden diese Menschen in anderen Welten leben müssen. Das liegt aber in eurer linearen Zeit noch in der Zukunft.

Wir aus der Geistigen Welt möchten euch bei eurem Weg in die neue Dimension unterstützen. Wir möchten euch bei eurer Rückkehr nach Hause, beim Einatmen der

Quelle, wieder eure ganzen Anteile zeigen, die ihr auf dem Weg durch die Schwingungsebenen zurücklassen musstet, weil sie nicht so tief mitschwingen konnten, damit ihr sie wieder integrieren könnt. Wenn ihr uns bittet, euch zu helfen, werden wir da sein und euch unterstützen. Dabei gebt ihr den Ton an und die Geschwindigkeit vor. Wir werden niemanden zu etwas drängen, was er jetzt noch nicht möchte. Ihr seid also der Lenker und Leiter eurer Bewusstseinsentwicklung und eures Aufstiegs. Ihr lenkt ihn selbst.

Dabei werdet ihr auch von anderen Menschen hören, die auf diesem Weg sind, ihr werdet Unterstützung erfahren und selbst unterstützen, bis ihr vollkommen im Jetztzustand und im All-Eins-Gefühl seid, in dem Gefühl, alles sein zu können, woran ihr gerade denkt, in einem Gefühl, in dem ihr der Schöpfer eures Lebens seid, in dem jeder Gedanke sich sofort manifestiert und ihr als ein Wesen existiert, das entscheidet, ob es weiterhin auf der Erde bleibt und hier mit erschafft, was jetzt neu geschaffen wird, oder ob ihr weitergeht. Das ist, wenn es so weit ist, allein eure Entscheidung.

Ein kurzer Überblick über Äonen von Jahren des Abstiegs durch alle Dimensionen in die Dualität dieser Erde. Und jetzt, an der tiefsten Dualität dieser Erde, im Aufbruch zurück dorthin, wo alle hergekommen sind, und nach und nach das Bewusstsein zu bekommen, all-eins zu sein −, das ist euer Weg und euer Ziel.

Ihr seid multidimensionale Geistwesen, die auf dem Weg zurück zur Quelle sind. Euer Körper ist das Ergebnis eurer eigenen Schöpfung, und ihr baut ihn gerade um.

Lasst ihn in dieser Umarbeitungsphase ab und zu ausruhen. Gönnt ihm die Pausen, die er braucht, und seid liebevoll mit euch. Ihr könnt entscheiden, ob ihr diesen Umbauprozess in Liebe für euch annehmt, oder ob ihr mit Kraft und Gewalt dagegen ankämpfen wollt. Es ist euer Weg. Gestaltet diesen Übergang und diesen Weg sanft. Gönnt euch die Pausen, die ihr braucht, und bittet die Geistige Welt um Unterstützung bei euren Prozessen, wenn diese zu heftig sind. Bittet um Linderung, wenn das Leiden zu stark ist, und seid gewiss, dass alle eure Wünsche gehört werden, wenn sie einem reinen Herzen entspringen.

Ich, Sanat Kumara, bin seit Anbeginn der Zeiten als Logos und Hüter der Erde bei euch und habe euren Weg mit begleitet. Ich bin sozusagen der Begleiter der Erde und aller ihrer Wesen.

Ihr werdet in dieser Zeit des Wandels von allem unterstützt, was auf der geistigen Ebene um die Erde herum ist. Ihr seid sozusagen in einer Schutzblase der Geistigen Welt und werdet von außen abgeschirmt, damit ihr euch entwickeln könnt. Wir sitzen auf den Rängen, tun müsst ihr es selbst. Ihr seid diejenigen, die sich entschieden und gesagt haben: „Jetzt geht es für mich weiter." Dabei schicken wir euch alle Liebe und alles Licht, die/das ihr braucht, um diese Entwicklung gut zu durchleben.

ICH BIN Sanat Kumara und grüße euch im Namen der Quelle, im Namen der Liebe und des Lichts, aus dem alles entstanden ist, was jemals war, was entsteht und entstehen wird.

Dein Seelenplan und die Freiheit, zu wählen

ICH BIN Sanat Kumara, und ich grüße euch im Namen der Quelle, aus der alles kommt und zu der alles zurückgeht.

Die Freiheit ist im Grunde genommen die Freiheit des Herzens und die eurer Liebe zu euch. Ich habe diese Freiheit in den verschiedensten Nuancen selbst kennengelernt und möchte euch nun von dem Verhältnis zwischen der Liebe zu Allem-was-ist erzählen und eurer Freiheit, selbstständig alles zu entscheiden, was für euch jetzt richtig und wichtig ist.

Ihr habt immer die freie Wahl, und ihr seid eingebunden in diesen Körper, in dieses Leben, in das ihr euch hineinentwickelt habt. So, wie ihr seid, wolltet ihr jetzt hier sein. Ihr habt damit auf einer höheren Ebene, die der Verstand nicht wahrnehmen kann, einen Plan, den ihr zu Ende führen wollt. Alles, was diesem Plan dient, wird euch leicht und flüssig vorkommen. Es wird wie geschmiert gehen, wie ihr so schön sagt. Alles, was nicht in diesen Plan passt, wird Widerstand in euch hervorrufen. Diesen werdet ihr immer daran erkennen können, wie stark ihr euch gegen etwas wendet.

Die Freiheit, die ihr dabei habt, fühlt sich für euch manchmal eingeschränkt an. Das hat damit zu tun, dass euer Plan, den eure Seele mit in dieses Leben gebracht hat, verwirklicht werden will. Er ist sozusagen immer im Hintergrund und sagt: „Ich möchte gerne dies, und ich möchte gern das", und euer Verstand sagt: „Nein, nein, das mache ich so nicht, *das* mache ich lieber *so*, und *das* mache ich schon gar nicht." So können sich der Plan, der von eurer Seele liebevoll ausgearbeitet im Hintergrund ist, und das, was ihr selbst gerne tun möchtet, manchmal unterscheiden, wodurch Konflikte entstehen, die sich für euch so anfühlen, als könntet ihr euch nicht so entfalten, wie ihr es gerne möchtet.

Stell dir einmal vor, du bist Teil eines großen Plans, einer Organisation, in der jeder seine Aufgaben hat. Du hast dich in diese Organisation, die ich Menschheit nennen möchte, hineinbegeben und gewusst, was auf dich zukommt, was du tun wolltest, und du hattest auch den Überblick über das Ganze. Ähnlich, wie du den Überblick über deinen Körper hast, in dem Millionen von Zellen ihre Arbeit tun, ohne dass du jemals daran zweifelst, dass sie das Richtige tun.

In der Regel weißt du nicht einmal, dass deine Dünndarmzellen die Nährstoffe sammeln und sie der Leber zuführen, deine Dickdarmzellen das Wasser wieder zurückholen, die Zellen in deiner Lunge den Gasaustausch machen und die Zellen in deiner Nase die Luft anfeuchten, die du atmest, die Zellen in deinen Knochen das Gerüst für diesen Körper geben und die Zellen in deinem Gehirn und Rückenmark die elektrischen Leitungen sind, damit alles so funktioniert, wie es für dich und deinen Körper gut ist.

Jede dieser Zellen hat ihre Aufgabe. Sie wird es so tun, wie es geplant ist, weil sie mit diesem Plan entstanden ist. Die Leberzelle unterscheidet sich von der Gehirnzelle und diese wiederum von der Darmzelle. Sie sind anders aufgebaut, entsprechend ihrer Aufgabe. Genauso ist es in dem Gebilde, das Menschheit genannt wird. Alle Menschen sind unterschiedlich. Je nachdem, wo sie auf dieser Erde leben und wie sie ihre Aufgaben wahrnehmen wollen, haben sie sich unterschiedlich gestaltet, entwickelt und verschiedene Schwerpunkte.

Auch du hast deinen speziellen Schwerpunkt, eine Besonderheit oder vielleicht auch mehrere. Dieses Potenzial, das du mitgebracht hast, ist eine Qualität, die dich befähigt, Dinge zu tun und damit dem Ganzen zu dienen, so, wie deine Zellen deinem Körper dienen und damit die Körperfunktionen so aufrechterhalten, wie du sie brauchst.

Wenn nun eine deiner Körperzellen eine Art Freiheit entwickelt, kann es sein, dass sie alle Nährstoffe, die durch das Blut transportiert werden, für sich abzweigt, um größer und stärker zu werden … auf Kosten ihrer Nachbarn. Diese Zelle denkt vielleicht: „Mensch, ich habe einen besonderen Plan, eine besondere Aufgabe, ich muss mich besonders stark entwickeln, um das alles leisten zu können." Und sie nimmt sich dafür mehr, als sie eigentlich braucht, weil sie noch etwas auf Vorrat legt und denkt: „Es kommen wieder schlechte Zeiten. Mein Mensch isst nicht regelmäßig und auch keine guten Nahrungsmittel. Ich traue ihm nicht, also lege ich mir etwas zur Seite."

Damit hortet sie etwas, das eine andere Zelle gerade gut gebrauchen könnte, das heißt, eine Nachbarzelle verkümmert, während diese Zelle wächst, stärker wird und mehr Raum einnimmt, wo eigentlich eine andere Zelle sein könnte, um ihre Aufgaben zu erfüllen. Dadurch wird diese Zelle immer träger, erfüllt ihre Aufgabe nicht mehr und glaubt sogar, sie wäre im Recht. Manchmal kann das ganze System Mensch zugrunde gehen, weil Zellen nicht mehr so funktionieren, wie sie sollen, und entarten.

Wenn diese Zelle lernt, dass sie genauso viel wert ist und geliebt wird wie alle anderen und sie in der Gemeinschaft einen guten Job macht und dafür geehrt und geliebt ist, wenn sie wieder das Vertrauen entwickelt, dass für alle gesorgt ist und jeder genug Nahrung bekommt, um seine Aufgabe vollständig und leicht zu erfüllen, kann sie sich wieder eingliedern.

Manchmal ist es bei den Menschen ähnlich, sie fühlen sich so klein und unwert, dass sie irgendetwas tun, um sich aufzuplustern. Oder sie schaffen sich viel auf Vorrat an, weil sie denken: „Es gibt übermorgen nichts mehr" oder „die Zeiten werden schlechter, und ich muss genug haben, weil die anderen es mir nicht gönnen."

So kommen auch Menschen in Situationen, in denen sie Dinge festhalten und damit Nachbarn oder Nachbarstaaten darben lassen. Dadurch herrscht auf der einen Seite eine Überfülle, die lähmt und alles erstickt, und auf der anderen Seite Mangel, der Kraftlosigkeit und Minderwertigkeit entstehen lässt. Die Folge ist, dass beide Seiten krank werden – die eine Seite, weil sie alles festhält und erstarrt, und die andere Seite, weil ihr alles fehlt, was sie als Grundlage braucht, um zu gedeihen.

Jeder, der in diesem System lebt, muss nun schauen: Wie kann ich mich in dieses Große Ganze einfügen? An welcher Stelle bin ich, und was ist meine Aufgabe, die ich gerne und glücklich erfülle? Die Leberzelle zum Beispiel ist nur dann glücklich, wenn sie in ihrer kleinen Chemiefabrik arbeiten und alle Dinge so umwandeln kann, wie sie für den restlichen Körper gebraucht werden. Das ist ihre Aufgabe, sie kann sich dabei voll entfalten und fühlt sich gefordert und glücklich. Innerhalb dieser Aufgabe hat sie die Freiheit, ihren Job gut zu machen, Erfüllung und Zufriedenheit in dem zu finden, was sie gut kann.

Andere Zellen haben andere Aufgaben. Die Nervenzelle ist für die Kommunikation zwischen den einzelnen Bereichen zuständig. Sie findet darin ihre Erfüllung und in dieser Erfüllung die persönliche Freiheit, das zu tun, was sie am besten kann.

Ihr kennt eure Potenziale und wisst, welche Dinge euch wirklich glücklich machen. Ihr wisst selbst, was eure Passion ist, Momente in denen ihr vollkommen glücklich seid.

Wenn ihr eure Aufgabe im Ganzen gefunden habt und euch dabei von Herzen wohlfühlt, wenn ihr Dinge tut, bei denen euer Herz singt und jubiliert, habt ihr eine Aufgabe gefunden, die euch ganz und gar ausfüllt.

Es kann sein, dass sich das im Laufe eures Lebens ändert. Ihr seid nun mal nicht so festgelegt wie eure Körperzellen. Es kann sein, dass ihr heute Dinge tut, die ihr euch vor einigen Jahren noch nicht vorstellen konntet, und dass ihr in der Zukunft etwas tut, was ihr euch heute noch nicht vorstellen könnt. Dies alles ist von Glück umgeben, in dem ihr eure persönliche Freiheit findet, das zu tun, womit ihr euch in eurem Körper/Geist/Seele-Feld am Wohlsten fühlt.

Es ist jetzt eine Zeit, in der ihr deutlich öfter in den Wandel geht, als es noch eure Eltern und Großeltern getan haben. Die Neue Zeit bringt es mit sich, dass ihr immer wieder vor neue Herausforderungen gestellt werdet, die ihr mit eurem Körper, eurem Geist und eurer Seele verwirklichen wollt. Ihr habt euch für dieses Leben mehr als nur eine Aufgabe gestellt und seid in einem Feld ständiger Veränderungen und Herausforderungen. Nehmt euch ab und zu die Zeit, euch zurückzuziehen, um auf euch und euer Herz, auf eure innere Stimme zu hören. Hört nicht so sehr auf den Verstand, der immer wieder Einwände hat, Forderungen stellt und Zweifel anmeldet. Benutzt ihn, um etwas zu durchdenken und euch die Ergebnisse zu präsentieren, aber lasst ihn nicht entscheiden.

Entscheidet aus eurer Mitte, aus eurem Herzen. Seid in Liebe zu euch, wenn ihr Entscheidungen für euch trefft. Tut es nicht unter Zwang. Fühlt, ob ihr euch mit einer Entscheidung wohlfühlt. Glaubt nicht, ihr müsstet etwas tun, was euch total zuwider ist, nur weil es schon immer so war und ihr dieses Muster von euren Eltern oder Großeltern übernommen habt. Stellt es ruhig für euch infrage. Orientiert euch neu. Als Menschen seid ihr nicht wie eine Zelle ein Leben lang festgelegt, sondern werdet immer wieder vor neue Herausforderungen gestellt.

Ich bitte dich nun, einige tiefe Atemzüge zu nehmen. Lass den Atem durch deinen Körper hinauf und hinunterfließen. Spüre, wie sich dein Brustraum mit jedem Atemzug immer mehr weitet. Fühle die Verbindung zur Erde, auf der deine Füße stehen beziehungsweise dein Körper liegt. Fühle die Verbindung nach oben in den Bereich über deinem Kronenchakra, etwa eine Handbreit darüber. Atme dort hinein. Hier ist ein Energiefeld, das dich mit allen Seelen verbindet. Hier ist das Potenzial, dich als Teil der ganzen Menschheit zu sehen und zu fühlen. Über diesen Bereich bist du mit allen Menschen verbunden, die jetzt auf dieser Erde sind.

Hier bekommst du Impulse für dein Leben, wenn Informationen von deiner Seele kommen, die du dann in deinem Herzen fühlst. Dieser Bereich der Seele und dein Herzraum stellen jetzt mit jedem Atemzug eine innige Verbindung her. Du fühlst dich verbunden mit allen, die mit dir hier sind, um auf diesem Planeten zu wirken, denn du bist ein Teil des Ganzen. Du kannst dir dessen bewusst werden, indem du dein Herz mit dem achten Chakra über deinem Kopf verbindest, dem Chakra deiner Seele, deines Hohen Selbst.

Immer wenn du das Gefühl hast, nicht zu wissen, woran du bist, hast du die Möglichkeit, dich mit einigen Atemzügen mit deiner Seele zu verbinden. Baue eine Brücke zwischen deinem Herzen und deiner Seele und fühle, wie du diese Verbindung hältst. Das Halten dieser herzlichen Verbindung zu deiner Seele wird dich mehr heilen als jeder deiner Gedanken. Lass es in der Stille geschehen und wirken. Lass dich von deinem Atem hinauf und hinunterführen. Benutze den Atem als Brücke zwischen Herz und Seele.

Nach und nach werden alle Menschen mit dieser Art Verbindung bewusster durch dieses Leben gehen und ihre jeweiligen Aufgaben klarer sehen und erfüllen. Sie werden dabei die Freiheit fühlen, die sie sich gegeben haben, um hier zu sein, und die Liebe spüren, die ihre Seele in ihr Herz fließen lässt. Ihr werdet euch in eurem Herzen von dem großen Geist angenommen fühlen, der ihr selbst seid. In dieser Verbindung werdet ihr mehr Glück, Liebe und Freiheit fühlen, als es durch alle eure Gedanken möglich ist. Das ist die Freiheit eurer Seele. Hier könnt ihr vollkommen sein und in eurem Sein aufgehen.

Bleib noch einige Atemzüge in dieser Verbindung.

ICH BIN Sanat Kumara, und ich grüße euch im Namen der Quelle, aus der alles kommt und zu der alles zurückkehrt.

An Altem festhalten oder die Veränderungen begrüßen

ICH BIN Sanat Kumara.

Meine Energie füllt nun euren Raum. Es ist die Energie der Liebe, der Transformation, der Quelle, aus der alles kommt und zu der alles zurückgeht.

Diese allumfassende Liebe, die jetzt euren Raum füllt, ist seit Urzeiten vorhanden und der Ursprung all dessen, was ist. Auch wenn ihr euch manchmal nicht so fühlt, seid ihr immer geborgen und geschützt, vollkommen eins mit der Quelle, aus der ihr kommt. In dieser Zeit, in der ihr beschlossen habt, auf dieser Erde zu sein und in diesem Körper eure Erfahrungen zu machen, geschehen viele Veränderungen. Die Entwicklung, die ihr spürt, wird immer schneller. Ihr merkt, dass ihr manchmal den Takt, an den ihr euch gerade gewöhnt habt, schon wieder beschleunigen müsst, um noch mitzukommen. Es geht auf ein Ziel zu, das ihr noch nicht erkennen könnt, aber trotzdem schon sehr nahe scheint. Und während ihr in diesen Gefühlen seid, passieren gleichzeitig Dinge um euch, von denen ihr nur wenig bemerkt.

Durch den Weltraum sind Strahlen von weit entfernten Sternen unterwegs. Aus der Nähe der Zentralsonne sind Strahlungsqualitäten auf dem Weg zu euch, die euer Sonnensystem und eure Erde und damit auch euch betreffen. Diese galaktischen Informationen haben ihre Wirkung nicht nur auf eure Sonne und euren Planeten, sondern auch auf euch. Auch in eurem Körper und in eurem sozialen Zusammenleben geschieht Veränderung. Wenn ihr ein wenig darauf achtet, spürt ihr, dass die Dinge sich auf eine Weise entwickeln, dass ihr den Takt manchmal nicht mehr richtig erkennt, alles anders kommt als erwartet und ihr in allen euren Werten und Bewertungen zutiefst verunsichert seid. Ihr habt euch euer Leben eingerichtet und eine bestimmte Vorstellung von der Zukunft. Doch jetzt entwickelt sich alles in eine andere Richtung, und ihr stoßt mit euren Vorstellungen an eure Grenzen. Ihr merkt, dass ihr in der materiellen Welt keine absolute Sicherheit mehr habt.

Das liegt vor allem daran, dass sich das Rad immer schneller dreht. Würde es sich langsamer bewegen, würdet ihr die Veränderungen nicht so stark spüren, sie würden sozusagen im Alltag untergehen. Aber durch die Geschwindigkeit, mit der sich die Dinge jetzt verändern, habt ihr manchmal das Gefühl, der Boden unter euren Füßen würde weggerissen und die letzten Sicherheiten würden euch genommen. Viele eurer Werte erscheinen euch wertlos. Immer wenn Veränderung geschieht, passt sich das Bewusstsein der Menschen entweder dieser Veränderung an, oder es zieht sich zurück und lehnt sie ab.

Damit sind wir im Grunde genommen beim Kern dessen, was ihr für euch tun könnt, wenn diese Veränderungen eintreten. Die Veränderungen, die global und auch in sozialen Gemeinschaften geschehen, könnt ihr im Grundsatz nicht aufhalten. Ihr werdet euch entwickeln, so, wie dieser Planet und das Sonnensystem sich entwickeln werden. Alles wird seinen Weg gehen, und zwar in tiefer Liebe. Alles, was geschieht, ist durch die Liebe der Quelle und das Mitgefühl vorhanden, das in allem mitschwingt, was verändert wird. Ihr seid in dieser Liebe geborgen, auch wenn ihr es manchmal nicht so empfindet.

Jetzt habt ihr die Entscheidungsmöglichkeit, die Veränderungen mitzutragen, sie anzunehmen und damit willkommen zu heißen, die Liebe hinter dem zu sehen, was sich verändert und euch ganz darauf einzustellen. Oder aber ihr haltet an Altem fest und klammert euch an Werte, die ihr bisher für richtig und wichtig gehalten habt. Wenn ihr das tut, wird die Entwicklung trotzdem weitergehen, und das, was ihr festhaltet, wird sich von euch entfernen, nur dass es dieses Mal schmerzhaft für euch wird. Das, was ihr festhalten wollt, loszulassen, wird euch manches Mal wirklich wehtun, weil ihr in euren Gefühlen dieses Loslassen noch nicht akzeptiert habt, euch die Dinge aber trotzdem verlassen.

Wenn ihr also in eurer Grundeinstellung den Wandel begrüßt, die Veränderungen gerne mitmacht und insgesamt eine liebevolle, verständnisvolle Einstellung zu den Veränderungsprozessen annehmen könnt, die die Mitmenschen um euch herum erleben, werdet ihr einen leichteren Übergang in die Neue Zeit haben. Ihr werdet eure persönlichen Prozesse nicht so hart erleben, sondern als eine sanfte Woge, die euch bis zu einem Gipfel hochträgt und dann wieder ins nächste Wellental herunterschwingen lässt. Ihr werdet über die Wellen des Lebens reiten und sozusagen immer *auf* dem Wasser sein.

Andererseits, wenn ihr euch wehrt und nicht mit der Welle schwimmt, wird sie euch trotzdem mit ihrer Kraft dorthin bringen, wo sie glaubt, dass ihr gebraucht werdet. Dann habt ihr nicht das Gefühl, einen Beitrag zum Aufstieg geleistet zu haben, sondern werdet einen Widerstand in euch wahrnehmen.

Als ihr in diese Welt gekommen seid, habt ihr mit eurer Seele „Ja" zu allem gesagt, was jetzt kommt. Euer Verstand ist es, der an manchen Stellen noch nicht mitspielen will. Er ist es auch, der euch an den materiellen Sicherheiten festhalten lässt und den Wandel hinauszögern möchte, weil er weiß, dass er dann nicht mehr die wichtigste Rolle spielt. Er wird zurücktreten müssen, dorthin, wo auch alle anderen Werkzeuge seines Selbst sind. Dann wird er mit eurem Körper und eurem Gefühl auf einer Stufe sein – ein Teil des Ganzen und nicht mehr das wichtigste Glied.

Wenn ihr euch mit euch selbst beschäftigt und euch zurückzieht, seid ihr in der Lage, dem Verstand zu zeigen, dass er nicht an erster Stelle stehen muss. Jeder von euch hat schon gespürt, wenn die Intuition durchkommt, wie kraftvoll und befreiend es sein kann, einfach mitzuschwimmen und mit dieser Welle der Kraft, die aus dem Inneren kommt, zu neuen Ufern aufzubrechen. Jeder von euch kennt das und hat schon Momente erlebt, in denen er sich von dieser Welle hochgehoben und getragen fühlte. Dann war der Verstand eine Zeit lang ausgeschaltet, er hatte Pause.

Solche Pausen tun euch gut. Gönnt euch Verstandespausen. Gönnt euch die Pausen, in denen es nicht unbedingt immer in eurem Gehirn arbeitet. Habt Vertrauen zu euch, dass ihr zur richtigen Zeit am richtigen Ort seid, wenn es so gewünscht ist. Dass euch eure Seele, eure Intuition, an die richtige Stelle setzt, wenn es erforderlich ist. Wenn ihr dieses Vertrauen entwickelt, wird euer Verstand immer ruhiger werden und sich mit seiner Meinung zurückziehen, weil er merkt, dass es auch ohne ihn gut läuft.

Ihr seid also in der Situation, „Ja" oder „Nein" zu den Veränderungen zu sagen, beides, je nachdem, in welcher Situation ihr euch befindet. Ihr habt es in der Hand, mit einem guten Gefühl in diese Veränderung zu gehen und euch damit den Übergang deutlich leichter zu machen. Sagt „Ja" zu euch und den Dingen, die euch begegnen. Eine Begebenheit wird sich nicht dadurch ändern, dass ihr sie ablehnt. Jede Ablehnung einer Situation wird euch nur verhärten, und ihr seid dann nicht mehr in eurer Kraft, sondern in einer Opferrolle. Jedes Mal, wenn ihr gegen Dinge ankämpft, die in diesem Moment sowieso nicht zu ändern sind, verschwendet ihr eure Energie in einer Art und Weise, die euch kraftlos macht. Es wäre besser, in dieser Energie mitzuschwimmen und das Beste aus der Situation zu machen, wenn ihr sie nicht mehr steuern könnt.

Noch besser ist es, wenn ihr von vornherein alle sich abzeichnenden Veränderungen begleitet und euer Gefühl dafür, was euch jetzt guttut, in das Ganze mit hineingebt, sodass ihr zum Mitschöpfer, zum Mitentwickler eurer Gegenwart und Zukunft werdet. Als geistige Wesen habt ihr die Kraft, alles mitzuentwickeln, was euch betrifft. Ihr erschafft mit euren Gedanken und Gefühlen eure Wirklichkeit. Ihr bestimmt mit eurem Denken und Fühlen, wie es euch geht und wie ihr euch fühlt. Ihr seid die Schöpfer der Welt, in der ihr lebt.

Wenn ihr an einem Punkt seid, an dem ihr denkt: „Na ja, das kann ja manchmal sein, aber immer passt das sicherlich nicht", dann versucht, wenn das nächste Mal eine solche Situation kommt, von vornherein eure Grundeinstellung zu dieser Situation zu verändern, indem ihr mit der Kraft eurer persönlichen Veränderung in sie hineingeht, euch eurer Schöpferkraft bewusst seid und das für euch erschafft, was ihr für richtig und gut haltet.

Spürt einmal hinein und merkt, welch großen Unterschied es macht, wenn ihr Mitschöpfer einer Situation seid, anstatt diese passiv zu erleben. Dann seid ihr Mitschöpfer, Schöpfer in eurem Körper und all dessen, was um euch ist. Mit diesem Bewusstsein in eine Veränderung zu gehen, wird euch stärker und mutiger machen, die Dinge tatsächlich zu verändern. Das wird Einfluss auf eure Gemütsverfassung, eure Gefühle und euren Körper haben, von eurem körperlichen Befinden bis zu eurem Gefühlsleben und euren Gedankenfeldern. All das wird mit betroffen sein, wenn ihr selbst über alles entscheidet, was euch betrifft.

Eine der wichtigsten Entscheidungen, die ihr treffen könnt, ist, euch in allen Situationen – egal, was passiert – so zu lieben und anzunehmen, wie ihr seid, ohne Wenn und Aber, ohne Einschränkung. Denn die Quelle, aus der ihr alle kommt, hat euch die Freiheit gegeben, so zu sein, wie ihr jetzt seid, und sie beurteilt euch nicht. Niemanden! Deshalb ist es auch nicht erforderlich, dass ihr es tut. Ihr seid so, wie ihr jetzt seid, das Ergebnis eurer Schöpfung. Wenn euch nicht gefällt, was ihr dort seht oder fühlt, dann seid stark genug, es zu ändern. Ihr seid auch die Schöpfer eurer Zukunft, nicht nur der Gegenwart.

Lasst euch in eurem Gefühl, in eurem Verstand und in allen euren Körpern auf der Zunge zergehen, dass ihr diese Kraft habt und sie von euch nur aktiviert werden muss. Ihr müsst nur „Ja" zu dieser Kraft sagen. Das ist die einzige Entscheidung, die notwendig ist. Dann habt ihr alle Möglichkeiten. Wenn ihr vorher nicht in der Situation wart, selbst zu entscheiden, wird sich das erst nach und nach entwickeln und nicht von heute auf morgen geschehen.

Auf diesem Weg seid ihr von allen begleitet, die um euch sind, von allen Wesen der Geistigen Welt. Eure persönliche Entscheidung, euer „Ja" zu euch und zu allem, was euch betrifft, euer „Ja" zum Leben ist das Einzige, was von euch gewünscht ist, damit ihr diese Veränderungen als positiv anseht. Ihr seid tatsächlich Schöpfer, die aus der Liebe der Quelle gekommen sind, um auf dieser Erde diese Erfahrungen zu machen. Und ihr erschafft euch eure Erfahrungen jeden Tag neu.

Fühle dort hinein und spüre, wie sich die Liebe der Quelle hier im Raum verbreitet und dein Herz erreicht. Fühle, wie diese Welle der Liebe, die dich so achtet und ehrt, wie du bist, die dich ohne Einschränkungen vollkommen annimmt, dein Herz erfüllt, wie sie dein Herz und deinen Herzraum größer und größer werden lässt. Spüre, wie du dich ausdehnst, wie sich die Liebe in dir ausdehnt. Fühle, wie sie deinen ganzen Körper einhüllt, wie alle Zellen vibrieren und vom Licht der allumfassenden

Liebe erfüllt werden. Spüre auch, wie dein Gefühlskörper und dein Verstandeskörper in diese große Liebesschwingung mit eingehüllt werden. Nimm wahr, dass du dich weit über dich ausdehnst und dich mit allem verbindest, was um dich ist. Nichts wird ausgegrenzt, alles wird angenommen. Der Raum, die Menschen um dich, die Stadt, das Land, der Kontinent, die ganze Erde können von dir mit deiner Herzensschwingung umhüllt werden. Fühle diese Ausdehnung, diese Liebesschwingung. Nimm wahr, dass alles um dich nur für dich da ist, so, wie du für das, was um dich ist, da bist. Spüre, dass du auf einer Ebene mit allem verbunden bist, was existiert, und es keine Trennung gibt.

ICH BIN Sanat Kumara.

Auswirkungen von Gedanken, Gefühlen und Mustern

ICH BIN Sanat Kumara.

Ich grüße euch im Namen der Quelle, aus der alles kommt und zu der alles zurückkehrt. Ich grüße euch im Namen der Schöpfung und des Schöpfers/der Schöpferin, die ihr seid.

Ich habe euch an dieser Stelle die Energien mitgebracht, die euch zeigen, was ihr in dieser eurer Welt mit euren Gefühlen macht, wie ihr damit umgeht, welche Aufgaben sie haben, wie ihr sie mitkreiert, um sie durch euren Körper und das, was ihr auf der Erde repräsentiert, auszudrücken.

Ihr habt in dieser Welt eine Vielfalt von Ausdrucksmöglichkeiten, die ihr auch gerne nutzt. Es gibt viele Möglichkeiten, Gefühle auszudrücken, die so in anderen Dimensionen und Welten nicht existieren. Damit habt ihr ein privilegiertes Leben und könnt vieles ausprobieren. Somit kann in vielen Leben die Vielfalt aller Gefühle von jedem, der es wünscht, erfühlt und erfahren werden.

Ihr seid zwar manchmal in dem Moment, in dem euch ein Gefühl beherrscht, nicht sehr glücklich, aber ihr habt trotzdem dadurch die Möglichkeit, durch dieses Gefühl eine Menge über euch zu erfahren: wie ihr das Leben betrachtet, wie ihr euch selbst betrachtet, wie ihr die Gemeinschaft um euch herum betrachtet und wie ihr eure Mitmenschen seht und bewertet. Damit habt ihr eine Riesenmöglichkeit geschaffen, euch alles anzuschauen, zu hinterfragen, zu reflektieren und nachzuspüren und dann, wenn ihr eine solche Situation später noch einmal erlebt, sie aus einem anderen Blickwinkel zu sehen.

Euer Gefühlskörper ist dicht an euren materiellen Körper angebunden, das heißt, viele eurer Gefühle wirken sich unmittelbar auf euer körperliches Wohlbefinden aus. Die meisten von euch kennen den sogenannten Spannungs-kopfschmerz, das Gefühl, wenn ihnen etwas auf den Magen geschlagen ist, wenn die Knie zittern, weil der eigene Standpunkt nicht mehr sicher ist, oder wenn der Körper krumm wird und man sich vor Angst beugt. All das sind Reaktionen des Körpers auf unmittelbare, massive Gefühle, die ihr sofort spürt. Und genauso eng, wie der materielle Körper an euren Gefühlskörper angebunden ist, ist auf der anderen Seite der Verstandeskörper an den Gefühlskörper angebunden. Man kann eigentlich nicht Seite sagen, da es eine Mischung all dieser Körper ist, die ineinander verwoben sind und sich durchdringen. Es ist ein gleichzeitiges Sein am selben Ort, aber auf verschiedenen Ebenen.

Der nächste Körper ist also der Mentalkörper, der Verstandeskörper, der Gedankenkörper, wo sich eure Gedanken bilden und manifestieren. Der Mentalkörper ist genauso nah an eurem Gefühlskörper wie euer materieller Körper, nur dass er eine Ebene feiner schwingt und der materielle Körper eine Ebene tiefer und schwerer als der Gefühlskörper schwingt. Somit habt ihr auf der tieferen Schwingungsebene den materiellen Körper, auf der mittleren Schwingungsebene euren Gefühlskörper und auf der hohen Schwingungsebene euren Mentalkörper.

Das sind nur Hilfsmittel, um euch zu veranschaulichen, dass diese Körper tatsächlich so ineinander verwoben sind, dass sie zur gleichen Zeit am gleichen Ort sind. Es ist nicht so, dass sich euer Mentalkörper nur im Kopf und euer Gefühlskörper nur im Bauch befindet und der materielle Körper sich überall verteilt, so, wie er sich darstellt. Zwischen den Molekülen, Zellen und Atomen, zwischen den Knochen, dem Fleisch und dem Blut, zwischen den Nervenzellen und allen anderen genau differenzierten Zellen der Organe ist so viel Platz, dass auch hier alle Bereiche des Gefühlskörpers, und auf der nächst höheren Schwingungsebene auch alle Anteile des Mentalkörpers, angesiedelt sind. Ihr seid also gleichzeitig überall vorhanden. In eurem gesamten Körperfeld, das ihr hauptsächlich als materiellen Körper seht, ist alles vorhanden, das heißt, es gibt auch Gefühlsanteile, die tatsächlich im großen Zeh sind. Und es gibt andererseits mentale Anteile, die sich in eurer Leber und nicht in eurem Kopf befinden.

Das gesamte Feld eurer menschlichen Erscheinungsform in diesen Körpern wird für alle Bereiche genutzt. Deshalb gibt es auch viele Therapien bei euch, die in der Psychologie eure Themen mit bestimmten Teilen eures Körpers in Verbindung bringen, sodass euch tatsächlich etwas auf den Magen schlagen kann und Bereiche wie Wut in der Leber angesammelt werden. Ihr seid also mit euren Gefühlen auch im Organbereich präsent und habt dadurch ein gutes Hilfsmittel. Wenn ihr eure Gefühle nicht direkt zuordnen könnt, euch vielleicht ein Stück vor ihnen verschlossen habt, wird sich euer Körper so verhalten, dass ihr über ihn an eure Gefühle, die sich manifestiert haben, herankommen könnt, auch wenn ihr euch im Moment nicht in der Lage seht, sie genauer anzuschauen.

Euer gesamtes System ist miteinander verwoben, was euch die Möglichkeit gibt, genauer hinzusehen. Zum einen in euren physischen Körper, zum anderen auch in euren Mentalkörper, der eure Gedanken und Geisteshaltung ausdrückt. Dieser Mentalkörper wirkt auf den Gefühlskörper, und der Gefühlskörper auf den materiellen Körper. Wenn ihr also in euren Gedanken bestimmte Vorstellungen hegt, die festhaltend, sicherheitsdenkend, verharrend und unflexibel sind, wird sich das auch auf euren Gefühlskörper auswirken, indem ihr in ihm eine gewisse Schwere, Starre, Unbeweglichkeit fühlt. Wenn sich das über lange Zeit manifestiert, kann es sich später in euren Gelenken und in eurer Beweglichkeit ausdrücken, sodass ihr die Starrheit eurer eigenen Gedanken über eure Gefühle bis in den materiellen Körper hinein manifestiert. Manche körperlichen Erscheinungen sind dann Ausdruck des gesamten Systems, das in euch wirkt.

Selbst auf dieser körperlichen Ebene, in der ihr euch jetzt aufhaltet, seid ihr schon so multidimensional, so durchdringend auf allen Ebenen, dass ihr über eure Systeme des Mental-, Gefühls- und materiellen Körpers vieles ausgleichen und verändern könnt. Ihr habt hier große Möglichkeiten, euch so einzustellen und feinzustimmen, dass ihr alles, was euch unangenehm ist, umwandeln könnt. Ihr seid mit allen Hilfsmitteln, die euch zur Verfügung stehen, der Schöpfer/die Schöpferin eures Lebens, und zwar allen

Lebens, so, wie es sich ausdrückt beziehungsweise ihr es ausdrücken wollt. Die Schwere, die ihr spürt und die sich bis in euren Körper ausbreitet, sodass ihr kaum aufstehen und euch bewegen wollt und euch wie festgewachsen fühlt, hat sich in eurem Geist manifestiert, drückt sich dann über das Gefühl der Schwere aus und lässt den Körper träge werden.

Wenn ihr dieses Gefühl erkannt und wahrgenommen habt, könnt ihr euch fragen: „Wie komme ich da heran? Was macht es mit mir? Wo kommt es her? Wodurch wird es bei mir ausgelöst? Gibt es bestimmte Muster, die dieses Gefühl immer wieder auslösen? Sind bestimmte Menschen mehr daran beteiligt als andere? Oder gibt es bestimmte Situationen, in denen es mir mehr auffällt?" So habt ihr immer wieder die Möglichkeit, euch eure Muster anzusehen. Wo sind eure Muster, in denen ihr nach einer bestimmten Art und Weise einrastet, um dann zu reagieren, ohne selbst an der Erschaffung direkt beteiligt zu sein. Das läuft dann automatisch ab wie eine Maschine, an der man auf einen bestimmten Knopf drückt, und schon wird ein Bewegungsablauf in Gang gesetzt.

Wenn ihr es dann erkennt, habt ihr jederzeit die Möglichkeit, die Programmierung eurer Gefühle zu erneuern, sodass ihr nicht mehr nach den alten Programmierungen reagieren müsst, sondern frei entscheiden könnt, wie ihr das nächste Mal mit einer solchen Situation umgehen möchtet. Ihr könnt über diese Rückkopplung, die euch euer Gefühlskörper bietet, alle eure mentalen Verhaltensmuster neu ansehen und bewerten: ob es euch noch dienlich ist, oder ob es euch in eurem Leben hemmt und stört. Dadurch habt ihr die Möglichkeit, euch über die alten Muster zu erheben und neue Verhaltensweisen einzubauen.

Ihr könnt jederzeit damit experimentieren und euren Mitmenschen zeigen, dass ihr aus einem festgefahrenen Muster etwas Neues entstehen lassen könnt, indem ihr sagt: „Das mache ich in Zukunft anders. Hier verhalte ich mich nicht mehr so, wie ich es den letzten Jahrzehnten getan habe. Hier raste ich nicht mehr automatisch in ein bestimmtes Muster ein, sondern entscheide von Mal zu Mal neu, welche die angemessene Reaktion ist, mit der ich mich wohlfühle, sodass ich nicht mehr in ein Muster der Angst, der Wut, der Depression, der Schwere und des Lebensüberdrusses fallen muss. Ich kann immer wieder neu entscheiden, was ich tue, wenn mich das Leben auf bestimmte Dinge hinweist."

Wenn ihr etwas ändern wollt, aber die Kraft nicht reicht oder die Angst vor der Reaktion der anderen groß ist und ihr nicht den Mut habt, tatsächlich etwas zu verändern, dann macht einen tiefen Atemzug und seid euch bewusst: Ihr seid nicht schwach und unbedeutend, sondern multidimensionale Schöpferwesen, die es sich erlaubt haben, in diesen Körper zu inkarnieren, mit ihm Erfahrungen zu sammeln und jederzeit mit eurer ICH BIN-Kraft alle eure bisherigen Reaktionen und eingefahrenen Muster zu verändern. Seid euch bewusst, dass diese Kraft ausreicht, euer Leben neu zu gestalten, eine neue Richtung einzuschlagen und darüber nachzudenken, was jetzt für euch wichtig ist, und nicht das, was die Gesellschaft von euch

erwartet. Ihr seid diejenigen, die immer wieder neu entscheiden können, was sie wollen.

In solchen Situationen, in denen ihr etwas verändern
wollt, habt ihr immer die Möglichkeit, die Wesen der Geistigen Welt um Hilfe zu bitten. Ihr könnt mich, Sanat Kumara,
rufen, ihr könnt St. Germain rufen, ihr könnt alle anderen
Meister der verschiedenen Strahlen und eure persönlichen
Begleiter anrufen, oder ihr bittet euer Hohes Selbst um Hilfe.
Ihr habt viele Möglichkeiten, Hilfe aus der geis-tigen Ebene
zu bekommen, sodass ihr euch nicht allein fühlen müsst.
Auch wenn euer Umfeld diese Veränderung vielleicht nicht
unterstützt: Ihr seid nicht allein, sondern immer begleitet
und habt Unterstützung für alles, was ihr tun wollt. Ihr müsst
euch nur entscheiden, uns um Hilfe zu bitten. Und wenn ihr
lieber alleine kämpfen möchtet, ist auch das in Ordnung.
Auch allein habt ihr die Stärke, wenn ihr es möchtet.

Werdet euch der Macht und der Stärke bewusst, die in
eurem Gefühlskörper gebunden sind und sich manchmal
durch eure Emotionen deutlich zeigen. Seid euch darüber
im Klaren, dass jeder unkontrollierte Gefühlsausbruch nur
deshalb geschieht, weil ihr vorher viele Anteile davon unterdrückt und nicht wahrgenommen habt, bis es zum Überkochen kam. Es ist nicht schlimm, wenn das geschieht,
werdet euch aber bewusst, dass es ein Zeichen dafür ist,
dass ihr in der Vergangenheit nicht sehr liebevoll mit euren Gefühlen umgegangen seid, sie nicht so zugelassen
und wahrgenommen habt, wie sie es gewünscht hätten,
und sie nun ein Ventil gefunden und sich in einem starken
Ausdruck gezeigt haben.

Es ist in Ordnung und zeigt euch, wo ihr etwas an und mit euch tun könnt. Seid deshalb für jeden Moment dankbar, an dem die Gefühle hoch- und überkochen, weil ihr dadurch die Chance habt, euch besser kennenzulernen, euer vielfältiges System, das ihr euch geschaffen habt, besser zu durchschauen und hinzuspüren, wo es noch mehr eingemauerte und festgefahrene Gefühle gibt. Jeder von euch hat sie noch. Ihr habt die Möglichkeit, mit euch zu üben, freier in allem zu werden, was ihr fühlt, und zuzulassen, was immer in euch steckt, und damit eure Gedankenmuster, Glaubensmuster und alles andere auf mentaler Ebene klarer aufzudecken.

So ist es ein Spiel zwischen den Körpern, zwischen dem Gefühlskörper, dem Mentalkörper und dem materiellen Körper, das euch immer wieder zeigt, wo eure Anteile sind und welche jetzt erlöst werden können und wollen. Ihr seht es durch eure Gefühle, ihr spürt es durch die Reaktionen eures Körpers, ihr fühlt es. Manchmal spürt ihr in euren Gedankenmustern, dass diese nicht richtig sind und habt dann auch hier die Möglichkeit, sie zu ändern.

Alle Werkzeuge sind in euch, in eurem gesamten Feld der körperlichen Existenz. Ihr habt hier alles, was ihr braucht, um euch aus der Schwere eurer Gefühle, eurer Gedanken und eures Körpers zu erheben. Wenn ihr diese Schwere und Starre, diese Festigkeit und Dunkelheit, das, was euch klein hält, nach und nach erlöst, ist das ein wunderbarer Aufstieg, sodass ihr euren Körper, eure Gefühle und eure Gedanken in die nächste Dimension mitnehmen könnt. Ihr werdet geklärt und rein aufsteigen, weil ihr alles angesehen habt und nicht mehr verurteilt. Durch diesen Klärungsprozess hindurch steigt ihr dann auf, nehmt euren Körper, eure Gefühle, eure Gedanken mit, und schon seit ihr in der nächsten Dimension, in der das Bewusstsein so weit und umfassend ist, dass ihr über die Schwierigkeiten und Probleme, die euch jetzt noch beschäftigen und klein halten, nur noch lächeln und euch kaum vorstellen könnt, warum ihr es euch so schwer gemacht habt.

Diese Erfahrungen zu machen und sie in die nächste geistige Ebene bis zur Quelle mitzunehmen, können nur Menschenengel machen. Nur große geistige Wesen, die als Menschen auf die Erde kommen, können dieses tun, nur sie haben die Möglichkeit, alles mitzunehmen, was in diesen Gefühlskörpern gefühlt wurde. Diese Erfahrungen der Gefühle, die als Mensch möglich sind, werden in die nächste und die übernächste Ebene mitgenommen, bis zurück zur Quelle. Und das ist euer Verdienst, euer Anteil an der Schöpfung.

Ihr seid von allen Wesen unendlich geliebt und geehrt, die euch betrachten und eure Arbeit und Mühsal sehen, aber auch eure Freude, wenn ihr etwas geschafft und verändert habt, und eure Glückseligkeit, wenn ihr euch in die nächste Dimension erhebt. Ihr seid unendlich geliebte Menschen. Ihr habt einen Weg gewählt, den nur wenige gewählt haben, tief in die Materie, in die Gegensätze hinein, dass ihr so viele Erfahrungen mitbringen könnt.

Es ist ein große Ehre, euch, die ihr durch diese Erfahrungen, in denen ihr auch den Schleier des Vergessens ertragen habt, das zu sagen, was wir durch viele Kanäle immer wieder sagen, jetzt, in dieser Zeit, in der es immer mehr in den Aufstieg geht, in der sich die Dimensionen schon verwischen und die Übergänge leichter werden. Wesen aus anderen Welten werden sichtbar, hörbar oder fühlbar, sodass ihr euch verunsichert fühlt und nicht mehr wisst: „Was ist nun, wo bin ich, und was war das jetzt, das entspricht ja überhaupt nicht meinen Erfahrungen." Ihr sollt mehr über das wissen, was in den Geistigen Welten schon bekannt ist, und wir werden in unseren Durchsagen mehr und mehr darüber erzählen und euch so Informationen geben, die ihr nutzen könnt, um euch besser zu orientieren und dann anderen zu helfen, dieses zu erfahren, jeder in der Geschwindigkeit und in dem Umfang, wie es für ihn oder sie angemessen ist. Setzt euch nicht unter Druck. Lasst es so geschehen, wie es geschieht.

Ihr seid ein Teil des Ganzen. Ihr seid ein Teil Gottes, und ihr seid unendlich geliebt.

ICH BIN Sanat Kumara.

Das bewusste Lenken der Körperenergien

ICH BIN Sanat Kumara.

Ich grüße euch im Namen der Quelle allen Seins, aus der alles kommt und zu der alles zurückgeht. Ich grüße euch voller Liebe, die aus meinem Geist zu euch strömt und die euch hier, wo ihr jetzt seid, erreicht.

Öffnet euch. Öffnet euer Kronenchakra so weit, dass die universelle Liebe einströmen, euch ganz durchdringen und dadurch euer Kronenchakra alles empfangen kann, was die Quelle euch anbietet.

Ihr seid mit der Ausrichtung eures Bewusstseins in der Lage, mehr und mehr eure inneren Systeme zu steuern. Ihr könnt euch zum Beispiel bewusst das Kronenchakra über eurem Kopf vorstellen, wie es sich für die Energien des Himmels öffnet, für die Energien der Liebe, die aus der Quelle allen Seins zu euch strömen, und allein mit dieser Vorstellung Unmengen zusätzlicher Energien in euch hineinfließen lassen, die ihr dann nur noch zu verteilen braucht. Über diese Energien, die in unendlicher Kraft und Stärke vorhanden und durch eure Chakren für euch so transformiert werden, dass sie verträglich sind, und ihre Verteilung in euren Körpern möchte ich euch jetzt einiges erzählen.

Ihr seid mit dem Energiesystem der Chakren ausgestattet, das in alle Bereiche eures Körpers, eurer Gefühle, Gedanken und eurer Seele hineinströmt. Diese Energien werden über das Kronenchakra verteilt, das sozusagen an oberster Stelle steht, was aber keine Wertung sein soll.

Alle sieben Hauptchakren im Körper sind gleich viel wert, wenn man das Wort „Wert" in diesem Zusammenhang überhaupt benutzen darf. Es gibt auch keine Abstufung von unten nach oben oder umgekehrt. Befreit euch hier von allen Bewertungen. Jedes Chakra hat seine besondere Aufgabe, die es ausmacht und die zeigt, wozu es benötigt wird, wozu es in der Lage ist und in welcher Verbindung es mit den anderen Chakren steht, die ebenfalls ihre besondere Aufgabe und ihren besonderen Zweck in eurem Körper/Geist/Seele-System erfüllen.

Das Kronenchakra auf eurem Schädeldach hat zu allen anderen Chakren Verbindung, und zwar zu jedem einzelnen. Es hat Verbindung bis hinunter zum Wurzelchakra, das sich nach unten zwischen euren Beinen öffnet, und separate Verbindungen zu allen anderen Chakren: zum Beziehungschakra, zum Machtchakra, zum Herzchakra, zum Halschakra und auch zum Stirnchakra. Die Art der Verbindung ist verschieden, weil jedes Chakra unterschiedlich viele Bereiche abdeckt, und alle Bereiche werden mit einer besonderen Verbindung zum Kronenchakra ausgefüllt. Jedes Mal, wenn ein Bereich in einem Chakra absolut in der göttlichen Ordnung ist, ohne Disbalance, fließt die Energie des Kronenchakras ungestört durch diesen Strang, und es ist ein direkter Austausch mit diesem Teil des Chakras vorhanden. Ihr habt dann in einem Teilbereich die göttliche Ordnung in euch hergestellt und seid mit diesem Teil eures Selbst im Frieden.

Ziel eures Erdenlebens ist es nun, die Teilbereiche aller Chakren in diese Balance zu bekommen, sodass ihr mit allen Bereichen eures Seins im Frieden und somit in der göttlichen Balance seid und mit eurem Kronenchakra einen regen Austausch von Energien mit allen anderen Chakren habt. Wenn dieser Zustand erreicht ist, werdet ihr euer gesamtes Energiefeld, von der Wurzel bis zum Scheitel, als ein einziges strahlendes, helles Licht empfinden, das pulsiert und sich elektrisch ausrichtet. Ihr werdet einen Zustand vollkommener Freude und Glückseligkeit und des vollkommenen Angebundenseins an die göttliche Quelle erfahren und seid mit dem göttlichen Willen in euch in Balance. Auf dem Weg zu diesem Ziel werdet ihr über viele Bereiche in euren Chakren einen Ausgleich suchen und finden. Es wird unterschiedlich lange dauern, bis die verschiedenen Bereiche ausbalanciert sind und die Rückkopplung zu eurem Kronenchakra in Balance ist.

Neben den vielen Bereichen, die in den einzelnen Chakren vorherrschen, seid ihr auch mit den jeweiligen Elementen in den Chakren verbunden. In eurem Wurzelchakra sind das Erdelement und das Element der Sicherheit vorhanden, wodurch ihr euch in eurem Körper verwurzelt und mit der Erde verbunden fühlt. Das ist eins der wichtigsten Teile des Wurzelchakras: sich an dem Platz sicher zu fühlen, an dem man in diesem Leben steht, und in dieser Sicherheit eine selbstbewusste Haltung anzunehmen, die aus dem Wurzelchakra heraus entsteht und die Wirbelsäule von unten her aufrichtet. Das Element Erde und alle seine Anteile im Körper, wie die Festigkeit der Knochen und die Sicherheit des Gehens, alle Dinge, die auf der körperlichen und natürlich auf der mentalen und der Gefühlsebene dazugehören, also alles, was mit Sicherheit zu tun hat, ist in diesem Chakra vorhanden, zum Beispiel auch das Gefühl, genug zu essen oder genügend Geld zu haben. Wenn dieser Bereich vollkommen erfüllt ist, seid ihr über das Wurzelchakra mit eurem Kronenchakra verbunden und habt hier die göttliche Balance erreicht.

Im zweiten Chakra, also im unteren Bauchraum, herrscht das Element des Wassers, der Gefühle. Euer Gefühlskörper ist mit diesem Teil eures Energiesystems eng verbunden, und auch hier gibt es Verbindungen zum Kronenchak-ra, die einen direkten Kontakt mit der göttlichen Quelle in allen euren Beziehungen herstellen. Wenn alle eure Gefühlsbindungen, Verbindungen, Gefühlstrennungen – alles, was in euren Gefühlen vorhanden ist, in Balance mit dem göttlichen Willen und der göttlichen Kraft ist, seid ihr auch über das Beziehungschakra in der göttlichen Kraft, habt ein Gleichgewicht mit der Quelle Gottes in euch geschaffen und seid im Frieden mit Allem-was-ist. Auch die Beziehung zu euch selbst spielt hier eine Rolle. Alle eure Beziehungen werden über dieses Chakra gesteuert. Und immer, wenn ihr mit einem Teilbereich eurer Beziehungen nicht in der Balance, nicht in der göttlichen Kraft und Energie seid, ist die Verbindung zum Kronenchakra nicht in der Kraft, in der sie sein könnte. Sie ist gestört.

Weiter geht es mit dem Solarplexus im Bereich des Magens. Hier herrscht das Element des Feuers, die Kraft des Brennens, des Willens und der Macht. Dieser zentrale Punkt eures Seins fließt, wenn er in der Balance ist, in einer ruhigen Kraft und hat gute Verbindungen zum Kronenchakra. Ihr seid dann in eurer Stärke und Macht, aufgerichtet und ruhig. Wenn jedoch die Energien hier nicht ausgeglichen sind und ihr euch ausgeliefert und hilflos fühlt und auf der anderen Seite eure Stärke und Macht mit großen Impulsen durchkommt, kann es wie ein Feuerstoß sein, der euch so zum Brennen bringt, dass ihr euch verletzt. Dies kann so weit führen, dass ihr Verletzungen erleidet, die brennenden Schmerz entweder direkt durch Feuer, Schnitte oder Stiche erzeugen. Auf diese Art und Weise wird sich vieles bei euch zeigen, was nicht in Balance ist. Wenn ihr dann nach Themen der Macht und der Ohnmacht eure Kraft und Stärke so in den Ausgleich gebracht habt, dass ihr in der göttlichen Kraft seid, habt ihr eine Verbindung zu eurem Kronenchakra, das euch diese dann erleben lässt.

Im vierten Chakra, eurem Herzchakra, herrscht das Element Luft, das für alle anderen Chakren, die tiefer liegen, von elementarer Bedeutung ist, weil ohne die Luft, die in den Körper hineinströmt, alles andere Leben nicht möglich wäre. Die Luft umschmeichelt alle anderen Elemente. Sie hat die Kraft, das Feuer anzufachen, das Wasser zu bewegen und die Wogen hochschlagen zu lassen, und sie hat sogar auf Dauer die Kraft, die Erde zu bewegen und hinwegzuwehen. Die Luft, die alles umschmeichelt und umfließt, strömt zentral in euren Körper und gibt euch den Atem des Lebens. Hier, an diesem Punkt, ist auch der Funke eurer Göttlichkeit in die Materie gesenkt. Hier seid ihr über euer Herz mit dem göttlichen Funken in euch verbunden. Hier fließt der Atem des Lebens in euch und gibt seine Energie weiter. Über den Herzraum, in dem das Element Luft herrscht, seid ihr vielfältig mit dem Kronenchakra verbunden. Hier erlebt ihr eure Weite und wie die Kraft eures göttlichen Willens den Körper als Schaltstelle nach unten belebt. Hier äußert sich die Liebe, die über das Kronenchakra in eure Körperlichkeit fließt, indem euer Herz dafür geöffnet wird, euer Brustraum sich weiten kann und ihr euch in eurer Selbstliebe und der Liebe zu anderen erfahren könnt. Hier geht es in erster Linie darum, euch so anzunehmen, wie ihr seid, die Selbstliebe in euch zu spüren, euer Herz zu heilen und über diese Heilung das eigene Sein anzuerkennen. Wenn hier Ausgleich, Balance und Heilung erfolgt sind, werdet ihr auch über diesen Bereich die vollständige Verbindung zum Kronenchakra haben und in der göttlichen Kraft eures Herzens sein.

Im nächsten Chakra, das euch im Halsbereich zur Verfügung steht, sitzt die Kraft des Ausdrucks, des Wirkens, die Energie, die die Dinge lenkt und aus dem Geistigen heraus Kraft entstehen lässt und ins Körperliche bringt. Es ist die Kraft, die Auswirkung auf alle Elemente nach unten haben kann und in vielen Kulturen beschrieben wurde. Die Kraft, die die Inder Prana nennen und die Chinesen das Chi, das noch Unbestimmte in dieser Kraft, das sich erst durch den Willen, der dahintersteckt, ausdrücken will. Es ist die Kraft, die von weiter oben kommt und hier durch den Willen in eine Wirkkraft umgewandelt wird. Hier bekommt diese Kraft ihren Ausdruck, und ihr könnt, wenn ihr im Halschakra frei seid und in eurer Wirkkraft schöpferisch tätig sein wollt, die Energien, die von oben in euch einströmen, nutzen, um aus der unbestimmten Kraft etwas entstehen zu lassen, sei es in euch oder in der Welt.

Wenn hier Klärung erfolgt ist, geschehen alle Dinge, die euch betreffen, aus eurem Willen heraus, das heißt, alles, was euren Körper, eure Gefühle und eure Gedanken betrifft, wird bewusst und gewollt zum Ausdruck gebracht. Ihr seid dann nicht mehr von den Reaktionen überrascht, die ihr automatisch ausführt, sondern ihr überlegt genau und wisst im Voraus, was ihr in den Ausdruck bringen wollt und tut es in Verbindung mit der Göttlichkeit in euch. Nichts in euch geschieht mehr unbewusst, wenn ihr an dieser Stelle in Klarheit und Balance seid. Ihr seid dann mit dieser vollkommenen Klarheit und Balance auch von hier aus mit der Quelle der göttlichen Einstrahlungskraft in eurem Kronenchakra verbunden. Und jedes Chakra hat unterschiedlich viele Verbindungen zu eurer Krone.

Von dem Chakra der schöpferischen, bewussten Wirk-kraft, der Ausdruckskraft, die die unbestimmte Kraft durch euren schöpferischen Willen in eine wirkende Kraft ver-wandelt, kommen wir nun zu der Kraft, die noch völlig un-bestimmt ist und im Dritten Auge sitzt, hinter eurer Stirn in der Mitte eures Schädels, die Kraft des Urlichts. Hier, in der Mitte eures Schädels, könnt ihr, wenn die Verbindung klar und rein ist, das göttliche Licht sehen und den göttlichen Ton hören. Hier ist die Kraft der Schöpfung noch unbe-stimmt, das Licht noch nicht gebrochen, durch kein Pris-ma gefallen, hat sich noch nicht in die verschieden Farben aufgeteilt, um bestimmte Wirkungen hervorzurufen. Es ist noch klar und rein, weiß und strahlend hell. Auch dieses

Licht in euch hat Verbindung zum Kronenchakra, das sich nach oben öffnet.

So haben wir jetzt die sieben Chakren und ihre Verbindungen zueinander erklärt, vor allen Dingen die Verbindungen zum Kronenchakra. Immer dann, wenn eine Verbindung mehr und mehr in die Balance gerät, seid ihr in diesem Bereich sicherer und gewinnt eine neue Fähigkeit hinzu. Jedes Mal, wenn ihr eine ausbalancierte Kraft in euch fühlt, habt ihr wieder einen Bereich geklärt, der euch in eure göttliche Kraft bringt. Manche Dinge geschehen automatisch, nach und nach, weil es an der Zeit ist. Bei anderen Dingen braucht ihr Klärung und Heilung, damit absolute Balance entstehen kann.

Dabei hilft euch das Leben selbst. Alle Erfahrungen, die eure Seele für euch vorbereitet hat, die ihr euch kreiert habt, bevor ihr auf diese Erde gegangen seid, werden euch dabei helfen, die einzelnen Schritte zu gehen, die erforderlich sind. Ihr seid in diesem Leben absolut in der Lage, die Klarheit auf allen Ebenen herzustellen, denn das, was ihr aus früheren Leben mitgenommen und mit hierhergebracht habt, wird euch in diesem Leben nicht mehr belasten. Wenn ihr es für euch so entscheidet, wird es für euch kein Karma mehr geben. Wenn ihr alles loslasst und euch alles verzeiht, was ihr in den verschiedenen Leben getan habt, ist es verziehen, gelöscht, in die Balance gebracht. Voraussetzung ist nur, dass ihr es tatsächlich wollt.

So können viele Bereiche in den Chakren durch die Kraft eures Willens in die Balance gebracht werden, indem ihr es entscheidet. Und andere Bereiche, in denen ihr noch persönliche Verstrickungen erlebt, brauchen etwas länger, doch ihr habt noch genügend Gelegenheit, sie zu entwirren und dadurch euer Bewusstsein zu erweitern.

Wenn ihr das Ziel der Verschmelzung aller Chakren erreicht habt, werdet ihr eine Glückseligkeit empfinden und auf der Vorstufe des Aufstiegs sein. Dann werdet ihr euch eins fühlen mit Allem-was-ist. In dieser Stufe der bewussten Glückseligkeit werdet ihr vieles anders sehen als jetzt. Ihr werdet ein anderes Bewusstsein haben, weil die Erfahrungen, die ihr in diesem völlig verbundenen Chakrafeld macht, nicht mehr mit denen übereinstimmen, die ihr in dieser Welt über die fünf Sinne wahrnehmt. Dann seid ihr auf einer anderen Ebene des Bewusstseins angekommen.

Um euch dieser Ebene anzunähern, solltet ihr den Atem und eure Vorstellungskraft nutzen.

Der Atem fließt in deinen Brustraum und weitet ihn. Von hier aus fließt er bis in deinen Steiß hinunter. Fühle den Atemfluss und lass ihn beim Ausatmen bis zu deinem Kronenchakra hochsteigen. Stell dir dabei vor, dass diese Verbindung von oben nach unten wie eine Röhre aus hellem Licht ist, die alle Chakren verbindet. Stell dir vor, dass dich diese Lichtverbindung ganz durchströmt und der Atem des Lebens zu deinem Wurzelchakra hinunter- und zu deinem Kronenchakra hinaufströmt. Sei dir dieser Verbindung und dieses Kanals in dir voll und ganz bewusst. Denke immer, wenn du bewusst atmest, an diesen Strom in dir, der auf- und absteigt. Der Fluss des Atems, der hinab- und hinaufgeht.

Wenn ihr etwas übt, seid ihr relativ schnell in einem Zustand, in dem der Körper ruht, der Geist mehr und mehr zur Ruhe kommt und sich auch die Gefühle zurückziehen. Ihr seid dann in einer bewussten Beobachterrolle und könnt sehen, wie der Strom des Atems durch diese Röhre in euch auf- und absteigt. Schaut in euer Inneres und fühlt es immer wieder. Dieser Strom des Atems durch den Kanal in euch ist einer der wichtigsten Faktoren, um diese Verbindung nach und nach immer mehr entstehen zu lassen, damit ihr mit eurer Göttlichkeit, eurem göttlichen Funken in euch, so verbunden seid, dass ihr alle eure Ausdrucksformen, die durch die verschiedenen Chakren mitgesteuert werden, auf euer inneres göttliches Ziel ausrichtet.

ICH BIN Sanat Kumara, und ich grüße euch im Namen der Quelle, im Namen der allumfassenden Liebe, und ich wünsche euch, dass ihr die innere Freiheit durch den Strom des Atems in euch erlebt.

Müssen und Wollen

ICH BIN Sanat Kumara.

Ich spreche an dieser Stelle gerne zu euch, nicht weil ich *muss*, sondern weil ich *will*. Dieses Wollen ist ein Teil von mir, der sich hier bei euch ausdrücken möchte und euch unterstützen will. Es ist ein Wollen aus meiner Kraft heraus und unterscheidet sich deutlich vom Müssen, weil es eine freie Entscheidung ist, während euch das Müssen immer so vorkommt, als ob es keine freie Entscheidung wäre. Dabei solltet ihr nicht zu eng denken und fühlen.

Es gibt natürlich in der Welt, in der ihr lebt, Regeln und Gesetzmäßigkeiten, die automatisch ablaufen: Wenn ich das und das tue, dann passiert das und das. Wenn ich zum Beispiel die Luft ausströmen lasse und dabei die Stimmritze in einer gewissen Art und Weise benutze, entsteht dabei ein Ton. Dieser Ton breitet sich aus, und viele Menschen hören ihn, zumindest die, die in der Nähe sind. Das kann ich bewusst mit einem Körper tun, wenn ich ihn besitze. Meistens ist es das Wollen, das dahinter steht, der Wille, der bestimmt, dass du so etwas tust.

In vielen Bereichen habt ihr das Gefühl, etwas tun zu müssen. Dieses Müssen, das ihr als Last, als Zwang, als Unfreiheit empfindet, das euch nicht der- oder diejenige sein lässt, der/die ihr sein wollt, weil ihr euch nicht frei fühlt, habt ihr euch selbst erschaffen. Denn hinter diesem Müssen steckt meistens so etwas wie: Ich möchte gerne das und das erreichen, also muss ich dieses oder jenes tun. Wenn ihr dieses Ziel nicht hättet, müsstet ihr das, was ihr jetzt glaubt, tun zu müssen, auch nicht tun. Ihr habt euch somit durch euer Ziel, das ihr euch gesetzt habt, in eine Situation gebracht, die euch scheinbar in diesen Zwang, dieses Müssen, hineinkatapultiert hat. Doch ihr vergesst dabei, dass ihr in euren Entscheidungen frei seid und jederzeit eure Ziele ändern könnt und damit die Bedingungen, unter denen ihr dieses Leben lebt. Ihr seid jederzeit in der Lage, das zu tun. Nur habt ihr manchmal nicht den Mut, weil die Konsequenzen, die sich daraus ergeben, ein Angstpotenzial in euch auslösen, nach dem Motto: „Wenn ich mich so und so verhalte, verlassen mich vielleicht alle meine Freunde oder wollen nicht mehr mit mir sprechen. Ich bin dann in dieser Gesellschaft nicht mehr so anerkannt, wie es jetzt der Fall ist. Vielleicht werde ich gemieden, dabei möchte ich doch geliebt und angenommen werden."

Jedes Mal, wenn ihr einen Wunsch habt und glaubt, dass daran bestimmte Bedingungen geknüpft sind, begebt ihr euch in dieses Feld, und das aus freien Stücken. Nur die Konsequenzen wollt ihr nicht. Ihr möchtet vielleicht nicht die Mühe, die sich daraus ergibt, sondern es leichter haben. Dann setzt euch eure Ziele nicht so hoch. Seid mit weniger zufrieden. Und schon kann das Leben viel leichter sein, und daraus entsteht ein *Mehr* an Leben, weniger Spannung, Zwang und Unterwerfung der Dinge, die euch zu eurem Ziel führen würden.

Ihr habt es jedes Mal in eurer Hand. Mit jedem Ziel und jeder Vorstellung davon, wie ihr dieses Ziel erreicht, kreiert ihr euch selbst eure Zwänge, euer Muss, das, was euch einengt. Das bedeutet natürlich nicht, dass ihr alle eure Ziele jetzt sofort umwerfen müsst, um etwas anderes zu tun, aber ihr solltet euch dessen bewusst werden, dass ihr immer die Wahl habt. Ihr werdet in dieser Welt, in dieser Dualität, die Konsequenzen durch die Gesetzmäßigkeiten, die hier herrschen, sicherlich erleben, aber wenn ihr das wisst, könnt ihr trotzdem eure Wahl treffen. Ihr könnt wählen und habt damit selbst auf dieser Ebene eine Entscheidungsfreiheit.

Wenn wir das nun aus einer etwas höheren Perspektive betrachten, werden wir noch ganz andere Dinge sehen. Ihr habt nämlich, als ihr auf diese Erde gekommen seid, die Entscheidung getroffen, bestimmte Dinge in eurem Körper zu erleben und zu spüren. Das war der Wille eurer Seele, was nicht unbedingt das gleiche ist, was euer Verstand möchte. Damit kommt ihr noch stärker in dieses Gefühl, dass euch die Umstände zu etwas zwingen, das ihr eigentlich nicht wollt. Ihr habt, wie es so schön in einem eurer Texte heißt: „Zwei Seelen, ach, in meiner Brust." Eine, die entschieden hat, was in diesem Leben geschehen soll und alle Voraussetzungen mit der Inkarnation dafür geschaffen hat, und dann euer Verstand, der euch in diesem Leben bisher so wundervoll gedient und auch bestimmte Vorstellungen von dem hat, was richtig und falsch ist, was getan werden soll und was nicht, der sich an gesellschaftlichen Strukturen orientiert und von daher sehr begrenzt ist.

Nun habt ihr für euch die Entscheidung zu treffen, ob ihr weiterhin eurem Verstand oder eurer Seele die Priorität für dieses Leben geben wollt. Von dieser Entscheidung hängt es ab, ob ihr ein zufriedenes, glückliches Leben führen werdet, oder ob ihr euch von den Zwängen, die um euch sind, so eingeengt und eingeschlossen fühlt, dass ihr unzufrieden werdet, bis hin zu körperlichen Symptomen. Ihr habt die Wahl. Eure Seele wusste, dass ihr in eurem Leben an diesen Punkt kommen würdet. Und oft muss der Verstand seine Grenzen erst klar erkennen, bevor er seine Entscheidungsmacht an die Seele oder das Hohe Selbst abgibt.

Wenn ihr an diesem Punkt seid, können aus eurem Herzen heraus die Worte nach oben strömen: „Dein Wille geschehe." Es ist der Wille deiner Seele, deines Hohen Selbst, deiner Göttlichkeit in dir. Der Wille des göttlichen Funken, der in dein Herz gekommen ist, drückt sich aus, wenn sich dein Verstand deiner Seele unterstellt und sagt: „Du hast den besseren Überblick, du kannst es besser beurteilen als ich aus meiner irdischen Sicht heraus." Wenn du an diesem Punkt bist, wirst du die Kraft deines Verstandes und deiner Gefühle hinauf zu deiner Seele geben und sie ihr zur Verfügung stellen, damit sie mit diesen Werkzeugen, die für diese Erde so wunderbar geschaffen wurden, weiterarbeiten kann.

Dann seid ihr eins. Es gibt dann nicht mehr die zwei Seelen, die Gegensätze, die sich in dir bekämpfen. Keine Zweiheit, keinen Zweifel, die euch von euch selbst trennen. Ihr denkt immer, ihr trennt euch von Gott, den ihr im Außen seht, aber ihr trennt euch von euch selbst, von eurer Göttlichkeit, eurer Seele, eurem Hohen Selbst, der Teil von euch, der euch so sehr liebt und die Erfahrungen, die ihr in diesem Leben gemacht habt, gerne aufnimmt und euch dabei hilft, alles klar zu erkennen und den Willen umzusetzen, der eurer Seele entspringt.

Ihr entscheidet. Wenn ihr euch für eure Seele und ihren Weg entscheidet, entscheidet ihr euch für das Wollen: „Ich will!" Wenn ihr euch dafür entscheidet, dass euer Verstand das Zepter führen soll, entscheidet ihr euch für das Müssen und den Zwang, woraus sich sicher nicht das glücklichste Leben entwickelt. Von daher gibt es diese Entscheidungsmöglichkeit in euch. Ihr *müsst* auch diese Entscheidung nicht treffen. Ihr könnt es einfach so geschehen lassen. Aber wenn ihr es wollt und sagt: „Ich will diese Entscheidung treffen", dann entscheidet ihr euch für ein glücklicheres, zufriedeneres Leben, für ein Leben in eurer Herzensqualität.

Euer göttlicher Funke in eurem Herzen wird dann immer mehr aufflammen. Er wird vom Funken zu einer kleinen Flamme werden und von einer kleinen Flamme zu einem großen Feuer. Es wird in euch brennen, und ihr werdet das, was eure Seele will, gerne umsetzen. Ihr werdet ein zufriedenes und glückliches Leben führen, das zur Ekstase werden kann, wenn ihr euren göttlichen Willen in euren Verstand und eure Gefühle integriert und alles umsetzt, was eure Seele möchte.

Um den Weg dorthin ein wenig klarer zu sehen und zu fühlen, werde ich euch jetzt eine Meditation geben, in der ihr über euer Herz zu eurer Seele geführt werdet. Dadurch könnt ihr spüren, wie ihr euch öffnet und habt die Möglichkeit, eurer Seele das Kommando zu geben, euch mit eurem Verstand dem höheren Wissen und der höheren

Weisheit, die ihr selbst seid, anzuvertrauen. Es ist nicht getrennt von euch.

Atme tief ein und aus und spüre, wie sich dein Brustraum mit jedem Atemzug öffnet und weitet. Sieh dann, wie die kleine Flamme deines göttlichen Funkens in deinem Herzen mit jedem Atemzug mehr und mehr angefacht wird, bis sie lodert und dich innerlich wärmt. Spüre, wie du dich dadurch noch mehr weitest und wie diese Flamme immer höher brennt. Fühle, wie dieses innere Feuer deines Herzens nach oben steigt, durch deinen Hals bis in deinen Kopf. Nimm wahr, wie es über deinen Kopf hinausgeht und sich bis in dein achtes Chakra oberhalb des Kopfes bewegt. Fühle dieses Feuer wie ein gleißendes Licht, das nach oben ausströmt, und nimm dann wahr, wie aus deinem Seelenbewusstsein weit über deinem Kopf ein Lichtstrahl, ein Feuer zu dir kommt und sich diese beiden Strahlen in deinem achten Chakra über deinem Kopf vereinigen.

Fühle jetzt die Verbindung von deinem Herzen bis hoch in deine Seele weit oberhalb deines Kopfes. Nimm diese Verbindung als eine helle, strahlende, lichtvolle Liebesverbindung wahr, die aus deiner Seele nach unten und von deinem Herzen nach oben strömt. Und gib dieser Macht, die jetzt in dich hineinfließt – wenn du es denn willst – deinen Willen.

Du bist immer mit deiner Seelenebene verbunden, wenn du es willst. Du kannst dich immer an die Weisheit und die Liebe anbinden, die über diese Ebene zu dir strömen, damit du in dieser dualen Welt mit ihren Zweifeln,

Ängsten und manchmal scheinbar furchtbaren Bedingungen Halt und Sinn findest. Hier in deiner Seelenebene bist du eins, weg von allen Zweifeln, frei von allem Müssen und von dir selbst geliebt, von dem Teil in dir, der die Weisheit und die Liebe repräsentiert. Hier ist die Verbindung zu deiner innersten Göttlichkeit. Hier finden alle Anteile wieder zusammen. Hier ist die Geborgenheit, dein Zuhause.

Die unendliche Liebe der Quelle ist immer durch deine Seele bei dir.

ICH BIN Sanat Kumara.

Einschränkende Bewusstseinsfelder

ICH BIN Sanat Kumara

Ich grüße euch im Namen der Einheit, der Quelle, aus der alles kommt und zu der alles zurückgeht. Mein Gruß kommt aus meinem Herzen, und er kommt mit meiner ganzen Liebe und schwingt in euer Herz.

Meine Liebe zu euch ist so groß und weit, dass ihr eine Ahnung davon haben könnt, wenn ihr in euer Herz fühlt und seine Weite, Tiefe und Liebe fühlt. Ich liebe euch für alles, was ihr seid und tut. Ich liebe euch für euren unermesslichen Mut, mit dem ihr in diese Welt, in diese Inkarnation, in diese Zeit des Wandels und des Umschwungs gegangen seid, bei der lange Ungewissheit darüber herrschte, was nun geschieht.

Den Mut und die Kraft, die ihr aus eurer Seelenebene in diese Welt und in dieses Leben, das ihr jetzt führt, mitgebracht habt, sind eure Grundlage, mit der ihr hier alles lebt, was ist. Der Mut und die Kraft, die eurem Herzen entspringen, sind die beste Antwort auf eure Ängste, auf das, was euch manchmal niederdrückt und zurückwirft, wie ihr manchmal sagt. Es ist gut, wenn ihr euch in diesen Momenten daran erinnert, dass ich euch gesagt habe, ihr seid mutige Seelen, die ihr Herz mit ihrem Mut und ihrer Kraft überschwemmen, wodurch euer Herz stark, groß und weit wird. Und dass eure Herzenskraft mit dieser Liebe, die aus eurer Seele zu euch hinüberschwingt, ein so großes Maß annimmt, wie ihr es nie vermutet hättet.

Dieses Tun in völliger Ungewissheit darüber, was als

Nächstes in dieser Dreidimensionalität passiert, kann einem Engel schon manchmal Angst machen. In dem Maße, wie dann die Angst kommt und sich zusammenzieht, fest und hart wird, fehlt dann der Gleichmut, die Lockerheit, die Geschmeidigkeit, alles durchfließen zu lassen, was gerade ist. Angst kann euch in eurem Ausdruck und Sein sehr hemmen. Ihr fühlt euch dann in einer Art und Weise niedergeschlagen, bei der ihr manchmal das Gefühl habt, nicht mehr in eure Kraft zu kommen, nicht mehr zu fühlen, wie stark ihr wirklich seid. Angst kann dies alles mit euch machen, wenn ihr vergesst, dass ihr die stärkste Kraft in eurem Herzen habt, die euch durch alles tragen kann – durch die Liebe eurer Seele und der Welten, die hinter dem Schleier liegen.

Diese Liebe ist so unermesslich groß, dass sie eure Angst buchstäblich auflösen kann. Sie kann ein Feld der Angst vollständig in Liebe, Mut und Kraft verwandeln und hat damit das Potenzial, alles, was sich für euch negativ anfühlt, umzukehren, wodurch ihr alles so annehmen könnt, wie es ist, und voller Freude und Mut weitergehen möchtet. Diese Liebe ist über eure Seele in euer Herz eingepflanzt. Doch sie ist oft verdeckt, sozusagen eingeschlossen, eingemauert, versteckt hinter Dingen, die euch jetzt wichtiger zu sein scheinen.

Am liebsten versteckt euer Verstand diese Liebe, weil er Erfahrungen mit anderen Menschen und Situationen gemacht hat, in denen nicht Liebe ihn getroffen hat, sondern Ablehnung, manchmal auch Hass, Wut, oder ein Gefühl, allein, hilflos und hilfsbedürftig zu sein. Diese Erfahrung ist in eurem Verstand und in euren Gefühlen vorhanden.

Ihr kennt sie gut und neigt dazu, dieses Feld immer wieder zu besuchen, indem ihr von anderen darauf aufmerksam gemacht werdet. Menschen erzählen euch von Dingen, die sie betroffen, klein gemacht haben, ihnen den Mut geraubt und gezeigt haben, wie schlecht die Welt an manchen Enden ist. Und ihr seht es, hört es, und euer Verstand glaubt es. In dem Moment, in dem euer Verstand diese Dinge vollständig integriert, bringt er euch auf eine Ebene, von der ihr schlecht alleine wieder herunterkommt. Ihr seid dann in einem Feld, das euch die Kraft entzieht, und seht keine Möglichkeit, etwas zu verändern, weil es die Umstände um euch sind, die ihr nicht beeinflussen könnt – glaubt ihr.

Damit hat dieses Feld Macht über euch gewonnen. Es dehnt sich aus, weitet sich und hat so etwas wie kleine Tentakel, die aus ihm herauskommen und mit denen es mit Menschen verbunden ist, die ähnlich denken. Und es nährt sich, und zwar von der Angst der Menschen. Ohne diese Angst könnte das Feld, die Energie, die Kraft nicht existieren. Deshalb ist es ständig auf der Suche nach Menschen, die dieses Feld mit ernähren. Es beeinflusst Menschen, wieder andere anzusprechen, um auch sie mit diesem Feld bekanntzumachen, um immer wieder jemand Neues zu haben, dem es Energie entziehen kann.

Es gibt viele solcher Felder: das Feld der Angst, der Mutlosigkeit, des Alleinseins und der absoluten Einsamkeit. Es gibt sie überall mit unterschiedlichen Nuancen und Ausprägungen. Und es gibt natürlich auch Felder der Kraft, des Mutes, der Liebe, der Gemeinsamkeit, des All-

Eins-Seins, Felder, in denen ihr euch wohlfühlt und mutig seid, in denen ihr eure Kraft erkennt und euren Mut auch im Außen lebt.

Auch diese Felder werden von eurer Energie genährt, und es gibt Menschen, die solche Felder nähren. Diese Felder suchen auch danach, immer mehr Menschen für sich in Anspruch zu nehmen, um ein positives, schönes Feld entstehen zu lassen, in dem sich die Menschen wohlfühlen und glücklich sind.

So hängt es von euch ab, welche Ebene ihr stärken wollt. Es kommt erst einmal darauf an, zu wissen und zu erkennen, dass es diese Arten von Energiefeldern gibt, die sich aus eurer Energie heraus ausprägen und nur durch das, was ihr denkt und fühlt, existieren. Ihr entscheidet, welches Feld ihr nährt.

Wir haben aus unserer Ebene heraus entschieden, euch darauf aufmerksam zu machen, was hier im Energetischen passiert. Wir möchten eure Aufmerksamkeit darauf lenken, dass ihr Energiewesen seid, die selbst entscheiden, wohin sie ihre Kraft geben möchten. Um diese Entscheidungen treffen zu können, braucht ihr als Erstes Informationen.

Wir wollen euch Informationen darüber geben, wie es auf der energetischen Ebene funktioniert, wie ihr in eurer Gesellschaft, in euren Kulturen und Gemeinschaften interagiert. Wie ihr euch gegenseitig beeinflusst, euch gegenseitig mit bestimmten Feldern bombardiert und versucht, andere mit hineinzuziehen. Oder wie ihr versucht, Menschen aus einem Feld herauszulösen, in dem sie gefangen sind und sich unwohl fühlen, um sie mit in das Feld der Kraft und des Mutes zu nehmen oder ihnen davon etwas abzugeben, damit sie die Kraft bekommen, andere Entscheidungen zu treffen.

Es ist also neben der Frage, wie ihr euch entscheidet, auch eine Frage der Informationen, was ihr tatsächlich wisst. Selbst wenn ihr es schon einmal gehört habt, ist Wissen nicht gleich Glaube. Manche Menschen haben Dinge gehört, vielleicht sogar erkannt und sagen trotzdem: „Das kann nicht sein. Das gibt es nicht. So etwas hat die Wissenschaft noch nicht erforscht", und lehnen es dadurch ab. Das ist auch eure Entscheidung. Eure Glaubensmuster und eure Vorstellung davon, wie die Welt ist, prägen natürlich euer Verhalten und lassen euch so sein, wie ihr seid.

Wenn ihr eine Veränderung bei euch hervorrufen wollt, braucht ihr neben den Informationen, die euch von uns immer wieder gerne gegeben werden, natürlich auch die Kraft und den Mut, eure bisherigen Glaubensmuster infrage zu stellen und zu schauen: „Ist die Welt für mich tatsächlich noch so, wie sie vor Jahren war? Habe ich immer noch die gleichen Vorstellungen davon, wie alles aufeinander aufgebaut und miteinander abgestimmt ist, was um mich herum passiert? Oder gibt es neue Erkenntnisse, die ich noch nicht in mein Glaubensmuster integriert habe? Gibt es neue Dinge, die sich erst noch etablieren und festigen müssen, damit ich meine neuen Erkenntnisse in meine Glaubensmuster, wie die Welt existiert, hineinbringen kann? Wenn ich es dann getan habe und sich diese neuen Vorstellungen von der Welt etabliert haben, habe ich die Möglichkeit, von den Feldern, die mich bisher beeinflusst haben, bewusst Abstand zu nehmen und die Energiepotenziale zu entdecken, die jetzt meiner persönlichen Vorstellung und der Kraft, die durch mich fließen will, entsprechen."

Das ist dann eine Entscheidung, die nicht der Verstand fällen kann, sondern die aus eurem Herzen kommen sollte. In eurem Herzen wohnt der göttliche Funke, der die Kraft und die Energie der Seele in sich aufnimmt. In eurem Herzen habt ihr die Macht, alles zu verändern, auf neue Ufer zuzugehen, neue Horizonte zu entdecken und über das hinauszugehen, was ihr bisher geglaubt beziehungsweise gewusst habt.

Ihr seid jetzt an der Schwelle, alles neu zu entdecken. Eure Wissenschaft wird revolutionäre Entdeckungen machen, und ihr werdet alle euer Weltbild entweder ändern, oder aber diese neuen Erkenntnisse mit dem lapidaren Satz: „Das glaube ich sowieso nicht" wegschieben. Es liegt an euch, ob ihr euch öffnet für alles, was neu kommt, oder ob ihr euch zurückzieht und verschließt. Im Geistigen ist es schon lange vorbereitet, und es wird sich immer mehr auch in den Ergebnissen eurer wissenschaftlichen Arbeiten und Forschungen zeigen.

Manche von euch sind darauf angewiesen, dass es neue Ideen gibt, die durch die Forschung bestätigt werden. Einige von euch wissen intuitiv, was an neuen Erkenntnissen in diese Welt kommt. Wieder andere werden das Neue, selbst wenn es hundertprozentig abgesichert ist, ablehnen, doch das wird immer weniger vorkommen, weil es nicht mehr so viele Menschen gibt, die mit diesem Muster auf der Erde leben. Dieses Muster ist ein sogenanntes Auslaufmodell, trotzdem ist es noch da, und ihr werdet auch in eurer Umgebung immer noch auf Menschen treffen, die darin agieren.

Es liegt dann an euch, euch nicht beeinflussen zu lassen und zu erkennen, dass es ein altes Muster ist, mit dem ihr in ein Feld hineingezogen werden sollt, das euch mutlos und ängstlich macht. Ihr könnt entscheiden, von diesem Feld Abstand zu nehmen und euch wieder den Feldern zuzuwenden, bei denen ihr das Gefühl habt: „Hier bin ich richtig, hier ist meine Kraft, hier ist mein Mut, hier ist meine neue Welt, die ich mit aufbauen möchte, in der ich aus dem Jetzt heraus in der Zukunft leben möchte."

Das ist deine persönliche Entscheidung: die Felder des Mutes, der Kraft, der persönlichen Integrität, des Dienens und Daseins für andere zu erkennen, ohne dich selbst zu vergessen; ein Feld zu finden, in dem du dich wohlfühlst und das Gefühl hast, dass sich deine Seele verwirklichen und das tun kann, wofür sie in diese Welt gekommen ist. Sie benutzt dazu diesen Körper, diesen Verstand, diese Gefühle und alles, was du dir im Laufe deines bisherigen Lebens aufgebaut hast. All das gehört zu dir, und du kannst es für die Neue Energie und die Neue Zeit sinnvoll umsetzen und nutzen.

Du bist eine großartige Kraft, die in diese Welt gekommen ist, um ihr schöpferisches Potenzial auszudrücken und auszuleben. Dafür wirst du dich stark machen, wenn du dich von den Feldern der Mutlosigkeit und der Ängstlichkeit zurückhalten kannst. Wenn du es schaffst, deine Seele durch dein Herz sprechen zu lassen. Wenn du es schaffst, die Verbindung vom Herzen zu deinem Hohen Selbst immer klarer und deutlicher in dir sichtbar werden zu lassen. Wenn du die Botschaften, die aus der Geistigen Welt kommen, immer mehr intuitiv fühlst, bist du auf dem Weg.

Nimm dir ab und zu die Zeit dazu. Lass dich nicht davon abhalten, dich in dich zurückzuziehen und zu schauen, wo du gerade stehst. Es ist ein wichtiger Schritt, den du in dieser Zeit für dich gehen solltest: ab und zu ganz bei dir zu sein, ohne Ablenkung, ohne die äußere Welt an dich heranzulassen. Nimm dir eine Auszeit für dich, damit du zu dir selbst stehen kannst, zu dem, was dein Herz fühlt und deine Seele zu dir spricht. Du bist deine größte Kraft. Dein Hohes Selbst kann dein Führer durch dieses Leben sein, wenn du es zulässt und nach oben horchst.

Öffne jetzt dein Herz. Fühle in deinen Brustraum. Spüre mit jedem Atemzug, wie er sich immer mehr weitet. Öffne dann von dort aus die Verbindung nach oben, etwa 10 bis15 cm über dem Kopf in dein Seelenchakra hinein, und lass diese Verbindung aufrecht und durchlässig. Fühle, wie Herz und Seele miteinander kommunizieren wollen. Spüre, wie durch alles, was aus deiner Seele in dein Herz strömt, die Flamme deines Herzens heller brennt. Spüre das Licht, das von oben in dich einströmt. Nimm wahr, wie es in deinem Herzen heller brennt und wie dieses Licht sich von deinem Herzen aus über deinen ganzen Körper ausdehnt.

Fühle weiter, wie es sich über diesen ganzen Raum ausdehnt. Lass das Licht über der ganzen Stadt leuchten. Dann nimm wahr, dass sich dein Herzliebeslicht noch weiter ausdehnt und sich über das ganze Land ergießt, und schon mit dem nächsten Atemzug über den Kontinent. Fühle, wie sich dein Herzliebeslicht so ausdehnt, dass es den ganzen Planeten in sein Licht hüllt. Spüre dich selbst in diesem leuchtenden Strahlen, deine Seele, die dir alles schickt, was du dafür brauchst. Spüre, wie du mit diesem Strahlen, das den ganzen Globus umfasst, alle Wesen, die auf ihm leben, mit einschließt. Spüre in diesem Körper und in diesem Leben deine Verbundenheit zur Erde.

Nimm wahr, wie diese Liebe, die du ausstrahlst, von allen Seiten zu dir zurückgespiegelt wird und du zurückbekommst, was du ausstrahlst. Fühle die Liebe aller Wesen der Erde und der Erde selbst. Fühle dich vollständig angenommen als ein Teil des Ganzen und als ein strahlender Stern innerhalb Millionen anderer strahlender Sterne, die sich gegenseitig mit ihrem Herzliebeslicht beschenken.

Lass dich in dieser Energie von dir und allen anderen, die um dich sind, verwöhnen. Spüre, wie sich alles darauf zubewegt, dass du so geliebt bist, wie du bist, und du alle anderen liebst, wie sie sind.

Meine Liebe, die aus der Quelle kommt, ist immer mit euch.

ICH BIN Sanat Kumara.

Die Auflösung der Angst

ICH BIN Sanat Kumara.

Ich grüße euch im Namen der Quelle, des Lichts und der Liebe, die ununterbrochen aus der Quelle hervorströmen.

Ihr selbst seid dieses Licht und diese Liebe, denn auch ihr seid Teil der Quelle, aus der alles kommt und zu der alles wieder zurückgeht. Ihr habt Erfahrungen gewählt, die in dieser Zeit, in diesem Raum eine Abgetrenntheit von der Quelle bewirkt haben. Doch ihr wolltet diese Abgetrenntheit erleben. Ihr wolltet die Dualität so spüren, wie ihr sie jetzt spürt. Das war der Weg der letzten Jahrtausende, den ihr bewusst so gewollt habt. Nun ist es an der Zeit, zurückzukehren, Schritt für Schritt, in das Bewusstsein des All-Einen, indem ihr spürt, dass diese Trennung nichts als eine Illusion war. Diesen Weg geht ihr jetzt alle, jeder auf seine Weise. Ihr werdet in einen Bewusstseinszustand gleiten, der alles umfassen kann, wenn ihr es denn wollt.

Dieser Bewusstseinszustand war immer euer Ziel, er ist sozusagen euer Geburtsrecht, das ihr jetzt nach und nach einlösen werdet. Und eine meiner Aufgaben dabei ist es, euch als Hüter, als Logos dieses Planeten, zu begleiten. Ich habe euch bei eurem Abstieg begleitet, in die tiefste Dunkelheit eurer eigenen Illusionen, in die grauen Vorstellungen eures Gehirns, in die Dunkelheit, die ihr ausloten wolltet, und habe dabei immer euren freien Willen geachtet und gesehen, was ihr tut. Ich habe gesehen, wie ihr gelitten habt und wie ihr euch befreien wolltet. Die Geistige Welt war immer bei euch. Ihr hattet in allen Zeiten

Begleitung, in allen Inkarnationen, selbst in den schwärzesten und dunkelsten Stunden eurer jeweiligen Erdenleben. Immer wusste ein Teil von euch, dass alles Illusion ist, die einen Zeitpunkt innerhalb der Zeit hat, an dem sie beendet wird.

Das Ende dieser Illusion ist für jeden individuell. Ihr werdet in dem Maße aus eurer Illusion erwachen, zu dem Zeitpunkt und an dem Ort, wie es für euch angemessen sein wird. Alles, was jetzt um euch herum geschieht, unterstützt diesen Weg für jeden Einzelnen. Die gesamte Konstellation des Universums ist darauf ausgerichtet, der Erde und allen Planeten und Sonnensystemen, die mit aufsteigen wollen, mit den entsprechenden Mitteln zu helfen und sie zu unterstützen. Es gibt große Einstrahlungen aus dem zentralen System, um das alles kreist, sowie Unterstützung aus allen geistigen Reichen, die jetzt hier sind, um zu sehen, wie ihr diesen Aufstieg für euch organisiert und durchführt. Alle möchten dabei sein und zuschauen, und wenn ihr es gestattet und darum bittet, auch mithelfen.

Ihr seid jetzt an einem wichtigen Punkt, der euch im Moment am meisten behindert, um in das Bewusstsein des All-Eins-Seins zu kommen: eure persönliche Angst, die in euch steckt und über Jahrtausende von euch geschürt wurde, durch das, was ihr euch gegenseitig auf dieser Erde an Erfahrungen beschert habt. Das alles hat dazu geführt, dass dieses Angstpotenzial in euch so groß wurde, dass ihr es nicht mehr richtig überblicken konntet. Ihr habt die Angst in jeder Zelle gespeichert, doch ihr werdet sie nach und nach loslassen. Manche von euch werden durch das, was sie jetzt erleben, noch einmal in ihre eigenen Grenzbereiche geführt, die ihnen am meisten Angst machen. Bei dem einen mag es vielleicht die Angst davor sein, materiell arm zu werden, alleine leben zu müssen oder krank zu sein, vielleicht auch die Angst davor, den Körper zu verlieren, zu sterben, wie ihr das nennt. Oder ihr habt andere Wege gewählt, um noch einmal an den Tiefpunkt zu kommen, an dem sich eure Angst deutlich zeigt. Dort, wo ihr tatsächlich einen Schritt tun müsst, um sie zu überwinden, wo ihr an euren eigenen Grenzen ankommt, werdet ihr jetzt hingeführt.

Doch dadurch habt ihr jetzt die Möglichkeit, diese Grenze zu überschreiten und so tief in diese Angst hineinzuschauen, dass sie sich vor euch auflöst. Denn immer, wenn ihr euer Licht in das hineinstrahlen lasst, was ihr anschaut, werden selbst die schwärzeste Dunkelheit und die tiefste Nacht zum hell erleuchteten Tag. Ihr habt das Licht in euch, ihr seid die Lichtträger, die es bis jetzt geschafft haben, ihr Licht, ihre Flamme, ihre innere Leuchtkraft so abzuschirmen, so verdeckt zu halten, dass niemand sie sehen kann. An dem Punkt, an dem ihr in eure Dunkelheit schaut und den Deckel von eurem Licht abnehmt, wird euer Herzenslicht so tief in die Dunkelheit leuchten, dass diese sich vollständig auflöst. Ihr seid das Licht, und wo das Licht ist, kann keine Dunkelheit existieren. Ihr seid eure eigenen Retter aus diesem Dilemma. Ihr habt euch selbst in diese Erfahrung gebracht, und ihr seid es auch, die sich selbst wieder aus dieser Erfahrung herausholen. Im tiefsten Inneren eures Herzens seid ihr eure eigenen

Heiler und Retter. Alle Kraft, die dazu benötigt wird, liegt in euch. Niemand kann euch diesen Schritt abnehmen.

Aber ihr könnt euch an anderen Menschen orientieren, die es schon vor euch gemacht haben, und ihr könnt die Geistige Welt um Hilfe bitten, wir werden euch zur Seite stehen. Ihr habt so viele Menschen, die sich um diese Dinge auf der Erde kümmern, dass ihr jederzeit – wenn ihr tatsächlich danach sucht – die Hilfe finden werdet, die ihr jetzt braucht.

Ihr habt einen wunderbaren Weg gewählt und so viele Werkzeuge bekommen, um euch selbst dabei zu helfen, euren Weg, eure Ziele zu finden, die ihr auf dieser Erde verwirklichen möchtet. Wir erinnern euch immer wieder daran, welche Schritte ihr gehen könnt, um euch von dem, was euch in dieser Angst festhält, zu befreien. Wir zeigen euch gerne die Werkzeuge, die dazu nötig sind, und die Wege, die ihr gehen könnt. Wir zeigen euch alles, was ihr braucht, um aus diesem Wirrwarr, das ihr euch auf der Erde zum Teil erschaffen habt, wieder herauszufinden. Ihr werdet euch nicht verirren, wenn ihr euer eigenes Licht dabei hell leuchten lasst und immer mehr eure Liebe entdeckt – in erster Linie die Liebe zu euch selbst und zur gesamten Schöpfung.

Die Liebe ist die stärkste Kraft. Dort, wo die Liebe herrscht, ist die Angst vollkommen überwunden. Dort ist die scheinbar schwärzeste Nacht hellster Tag. Wo Liebe ist, kann kein Leid sein. Wo Liebe ist, ist absolute Glückseligkeit. Lasst die Liebe in euch wachsen. Lasst das Licht in euch hineinströmen. Nehmt an, was euch angeboten wird, lasst das Licht in euch hinein- und durch euch hindurchströmen. Nutzt die Werkzeuge, die wir euch gegeben haben: den Atem, der fließt, das Herzenslicht, das aufgeht, die Innenschau, die euch zeigt, wo ihr noch dunkle Ecken habt. Seht, welche Möglichkeiten es in dieser Welt gibt, um zu erkennen wo ihr noch Ecken und Kanten habt, die beleuchtet werden und vom Schatten ins Licht geholt werden möchten. Das ist eure persönliche Aufgabe, die ihr euch jetzt gestellt habt. Und wenn ihr dabei seid, werdet ihr auf dem Weg dahin anderen eure Erfahrungen weitergeben und sie inspirieren. Ihr seid sozusagen auf dem Weg, euch selbst zu helfen, und ihr helft anderen dabei, ihren Weg zu finden. Das ist ein Phänomen, das sich wie eine Lawine entwickelt, wo eine kleine Schneeflocke die andere anstößt, bis ein ganzes Schneefeld in Bewegung gerät, und alle Menschen, die davon betroffen sind, bewegen sich und verändern die Welt.

Ihr seid an einem Punkt, an dem es darauf ankommt, etwas zu verändern und, vor allen Dingen, die Angst zu beleuchten. Die Angst ist das Einzige, das euch kleinhalten, euch beherrschen kann und über die andere euch beherrschen können. Sie ist das Mittel, das immer genutzt wurde, um Menschen in Abhängigkeit zu halten. Wenn ihr sie überwindet, seid ihr in eurem Inneren frei. Dann könnt ihr freie Entscheidungen für euch treffen und müsst euch nicht mehr von anderen manipulieren lassen. Das ist der Weg für euch alle. Ihr habt es in der Hand, diesen Schalter in eurem Bewusstsein umzulegen, damit euch bewusst wird, dass euch nur die Angst kleinhalten kann, die jetzt vollkommen von euch überwunden wird.

Dieser Wandel wird auf allen Ebenen dadurch unterstützt, und die Erde bietet dafür die Voraussetzungen, damit sich ein neues Zeitalter entfalten kann, in dem der Wandel allen Lebens weg von der Angst und hin zur Freude und Glückseligkeit vollzogen wird. Diesen Weg ist die Erde gegangen, und ihr habt die Möglichkeit, ihn mitzugehen. Es ist eure persönliche Entscheidung, euch entweder weiterhin von denen, die in den Medien und anderen Organisationen und Institutionen mit eurer Angst spielen, manipulieren zu lassen, oder zu entscheiden, diese Angst zu überwinden und nach und nach aufzulösen und frei von Angst und Manipulation zu handeln. Ihr seid dann in eurer Liebe zu euch selbst, die euch befreien wird. Dieses Licht in euch, euer Herzenslicht, wird so aus euch herausstrahlen, dass ihr damit alle anderen um euch herum ansteckt. Ihr werdet das Licht weitertragen, ihr werdet Lichtträger und -bringer für euch und alle anderen. Das verändert eure Umgebung und euer Sein. Indem andere davon berührt werden, wird es auch deren Leben verändern. Ihr seid auf einem sehr guten Weg, die Angst vollkommen zu überwinden.

Fühle in dein Herz und spüre, dass hier tiefe Liebe und helle Freude wohnen, dass hier absolutes Licht herrscht, das alle Räume deines Herzens vollkommen ausfüllt. Dann lass dieses Licht, diese Liebe und Freude von deinem Herzen aus in alle deine Zellen strahlen. Fühle, wie dich dieses Strahlen aus deinem Inneren, aus deinem Herzen, erfüllt: aus deinem Brustraum, deinem

Bauchraum, deinen Armen und Beinen und deinem Kopf. Fühle, wie jede Zelle lichter wird und du dich in dieser Liebe geborgen fühlst. Nimm wahr, wie dieses Licht, diese Geborgenheit und diese Liebe weiter über deinen Körper hinausstrahlen, über dein Sein, über diesen Raum hinaus und in die Welt hinein. Lass dein Herzenslicht und deine Liebe weit über das Land und den Kontinent strahlen und dann über die ganze Erde. Sei eins mit allem, was auf dieser Erde ist. Nimm es mit deinem Herzenslicht auf und strahle über die ganze Erde, während das Strahlen der Erde zu dir zurückkommt.

Absolute Liebe, hellstes Licht und tiefste Freude werden immer bei dir sein, wenn du sie zu dir rufst. Wenn du dein Bewusstsein darauf ausrichtest, wirst du ganz und gar in diesen Feldern sein. Du hast es selbst in der Hand, das Feld des Lichts und der Liebe in dir zu tragen und mit deinem Bewusstsein dort zu sein, wo du sein möchtest. Und wenn du dich für die Liebe, das Licht und die Freude entscheidest, werden diese auch zu dir kommen. Du hast es in der Hand.

Fühle noch einmal, wie du von diesem hellen Licht durchströmt bist, das die ganze Schöpfung durchstrahlt, wo sich kein Schatten halten kann, wo alles hell und strahlend ist und leuchtet.Du bist dieses Licht.

ICH BIN Sanat Kumara, der Hüter und Logos dieses Planeten, und ich grüße euch im Namen der Quelle, aus der die Liebe und das Licht ununterbrochen herausströmen.

Beenden alter Verträge (St. Germain)

ICH BIN, der ICH BIN. ICH BIN Meister St. Germain.

Die Schmerzen und der Druck, den ihr in eurem Körper fühlt, lassen euch spüren, dass manches von euch falsch angefasst wurde. Ihr selbst seid es, die entscheiden, was ihr euch aufladen lasst. Wer von euch hat denn entschieden: „Ich will in diesem Leben jedem, der mir begegnet und der mit mir zusammen ist, nur Gutes tun. Ich will mich aufopfern, alles erbringen und dafür von dem anderen vielleicht ein bisschen geliebt werden." Wer hat diese Verträge gemacht? Sie sind zum Teil in euren Köpfen entstanden und durch eure Erziehung in diese Richtung bewegt worden. Ihr habt euch manipulieren lassen.

Manche von euch merken jetzt langsam, dass die Verträge, in die ihr euch hineinbegeben habt, für euch persönlich nicht gut waren beziehungsweise euch in eine Richtung gebracht haben, in der ihr nur schwer umschwenken könnt. Aber ihr könnt mir glauben: Jeder kann zu jeder Zeit umschwenken. Jeder von euch kann sagen: „Meine Verträge kommen jetzt auf den Prüfstand. Was ist denn mit dem Vertrag, den ich geschlossen habe, als ich gesagt habe: Ich will diese Arbeit annehmen?" Damals wurde ein Vertrag auf dem Papier abgeschlossen, und darin standen Kündigungsfristen. So ist das mit allen Verträgen, die ihr habt. Eure Verträge, auch die, von denen ihr glaubt, dass ihr sie für ein Leben lang eingegangen seid, haben auch Kündigungsfristen und damit ein Ende. Jede Verpflichtung, jeder Vertrag, wird irgendwann erfüllt sein, genau wie euer Lebensvertrag, den ihr eingegangen seid, als ihr als Baby auf diese Erde gekommen seid. So, wie irgendwann dieses Lebens in diesem Körper ein Ende hat, wird auch ein anderer Vertrag, den ihr irgendwo eingegangen seid, wieder ein Ende haben.

Manche dieser Verträge begleiten euch schon mehrere Leben. Diese nennt man dann Gelübde. Ihr wart in manchen Leben in einem Orden, in dem es ein Armutsgelübde gab. Dieses Armutsgelübde habt ihr angenommen, seid darauf eingegangen und habt es abgelegt. Damit habt ihr eure freie Entscheidung für einen großen Teil des Lebens, in dem ihr damals wart, und zum Teil auch darüber hinaus „abgelegt", weil ihr damals geglaubt habt, ihr macht das für alle Ewigkeit. Manches davon wirkt sich auf euer jetziges Leben aus.

Einige dieser Glaubensmuster sind zäh und haften so sehr an der Seele und dem Astralkörper, dass sie daran hängenbleiben und in die nächste Inkarnation mitgenommen werden. Ihr seid dann in einer Situation, in der ihr nicht wisst, woher diese Glaubensmuster kommen. Solche Situationen, Gelübde und Verträge, die aus verschiedenen Leben kommen, sind dazu da, jetzt endgültig verändert zu werden. Ihr habt die Macht, alles zu verändern, was ihr wollt. Ihr habt auch die Macht, das, was ihr vor drei, vier oder fünf Leben einmal für die Ewigkeit versprochen habt, jetzt und heute zu verändern. Ihr habt die absolute Entscheidungsfreiheit, alles zu verändern, was ihr verändern wollt.

Niemand muss in seinen alten Verhaftungen hängenbleiben. Jeder hat das Recht und die Macht, sich frei für das zu entscheiden, was er in Zukunft möchte. Bis auf eins: Ihr habt euch alle irgendwann entschieden, wieder zu den Engeln zu werden, die ihr einmal wart, als ihr in diese Dualität gekommen seid. Den Weg zurück zu diesem Engelsein könnt ihr zwar eine Zeit lang verhindern, indem ihr euch mit den Dingen belastet, die euch hier festhalten, aber auf Dauer werdet ihr es nicht verhindern können, dass ihr wieder zu den Engeln werdet, die ihr einmal wart. Ihr werdet aufsteigen, alle eure Anteile aus den verschiedenen Leben und Welten zusammenholen und der Engel sein, der vor einer halben Ewigkeit an dieser Pforte zur Dualität stand, anklopfte und sagte: „Ich möchte das ausprobieren." Ihr werdet wieder dorthin gehen. Das werdet ihr nicht verhindern können. Diesen Vertrag müsst ihr erfüllen.

Ihr geht aus dieser Welt der Schwere zurück in die Leichtigkeit. Ihr steigt auf in die lichten Reiche und von den lichten Reichen aus in die Engelreiche, wo ihr wieder zu dem Engel werdet, der ihr einmal wart. Das ist sozusagen der Urvertrag, der euch in dieses ganze Spiel des Lebens hineingebracht hat. Diesen Urvertrag erfüllt ihr, indem ihr die Illusionen aller anderen Verträge und Dinge, die euch belasten, erkennt, die Angst abstreift, eure Mutlosigkeit überwindet, in eure Kraft findet und euch über euren Verstand, euren Körper, eure Gefühle bis hinein in euren Geist/ Seele-Körper erhebt. Und dann steigt ihr auf. Ihr steigt in die Ebene der Erzengel und Aufgestiegenen Meister. Von dort aus wird es weitergehen, wie, das muss euch im Moment noch nicht interessieren. Erst einmal ist es wichtig, dort hinzukommen, und ihr seid alle auf diesem Weg.

Überprüft eure Verträge. Seht nach, was euch am Boden hält, euch knechtet und unterdrückt. Entscheidet dann in völliger Freiheit, welche Verträge ihr gerne weiter erfüllen wollt und welche Knebelverträge sind, die ihr jetzt auflösen möchtet. Dann sucht Lösungen für die Aufhebung dieser Verträge. Es wird nicht immer einfach sein, weil viele davon mit anderen Menschen oder Institutionen getroffen worden sind, die auf der Einhaltung beharren. Das heißt, ihr werdet schon ein wenig Überredungs- und Überzeugungskunst brauchen, bis ihr diese Verträge aufgelöst habt.

Seid vor allen Dingen in einer Sache ein Vorbild: Wenn ihr Verträge abgeschlossen habt, aus denen eure Partner heraus möchten, könnt ihr, indem ihr es ihnen gestattet, aus diesem Vertrag würdevoll auszusteigen, ein Beispiel geben, dass andere mit euch ähnlich verfahren. Ihr habt es sozusagen mit in der Hand, wie andere reagieren, die mit euch Verträge haben. Ihr habt es in der Hand, zu entscheiden, ob ihr sie aus ihren Verträgen, wenn sie sie zu sehr belasten, herauslasst, oder ob ihr sagt: „Nein, ich beharre darauf, ich lasse niemanden früher aus meinem Haus ausziehen. Die sechs Monate Kündigungszeit bleiben bestehen, das ist unterschrieben!" Oder ihr könnt sagen: „Wenn es so wichtig für dich ist, einigen wir uns vielleicht auf die Hälfte." Auf diese Weise wäre der andere durch den Vertrag nicht mehr so belastet, und ihr werdet wahrscheinlich schneller einen Nachmieter für diese Wohnung finden, oder wie auch immer dieser Vertrag gestaltet ist.

Ihr habt es in der Hand, euer Herz in eure Verträge

einzubringen, das, was ihr Menschlichkeit nennt. Ihr habt es in der Hand, euch so zu verhalten, wie ihr von anderen behandelt werden möchtet. Und schon baut ihr eure Welt neu, wenn ihr anders mit euren Verträgen umgeht, ein klares Herzgefühl entwickelt und eine Flexibilität in allen festen Verträgen so zulasst, dass sie sich für alle Seiten zum Vorteil wandeln können.

Starre, unflexible Haltungen werden irgendwann brechen, während sich in die Neue Zeit hinein alle Verträge, Absprachen und Haltungen auf Dauer halten werden, die von Flexibilität und Biegsamkeit geprägt sind und von einem Geist des gegenseitigen Unterstützens, der von Herz zu Herz agiert. Nichts wird so bleiben, wie es ist. Alles wird sich sowieso immer weiter verändern. Ihr habt es in der Hand, entweder zu denen zu gehören, die krampfhaft an den alten Dingen festhalten und damit Schmerzen erleiden müssen, oder die voranschreiten und die neuen Dinge ausprobieren. Damit werdet ihr vielleicht auch nicht immer hundertprozentig glücklich, aber Vorreiter der Neuen Zeit sein. Manchmal werdet ihr euch mit Partnern, die eher hart sind, übervorteilt fühlen. Trotzdem wird es das Richtige sein, wenn ihr nachgebt und euer Herz auch bei Verträgen entscheiden lasst.

Es sind flexible Verträge, die es gestatten, vom genauen Wortlaut abzuweichen, sodass man in besonderen Situationen Ausweichmöglichkeiten hat und neue Strukturen bilden kann, wenn die alten festgefahren sind. Ihr habt es selbst in der Hand, aus eurem Herzen heraus zu handeln, euch von euren alten Verträgen zu befreien und mit den neuen Verträgen, Absprachen usw. eine große Herzensöffnung zu beginnen und Vertrauen und die Liebe des Herzens in all das hineinzubringen, was abgesprochen wird, und nicht schon den Vertragsanwalt in der Hinterhand zu haben. Das wird in Zukunft nicht nötig sein, auch in eurer Welt nicht.

Wenn ihr das erst einmal mit euch und den Dingen erreicht, die ihr um euch herum aufgebaut habt, wird es leichter werden. Ihr werdet spüren, dass der Atem des Lebens besser in euch pulsiert, er nicht nur bis in die Bronchien geht, sondern die ganze Lunge füllt und weiter in den Körper fließt, sodass ihr bis in jede Zelle vom Atem durchströmt seid. Ihr seid dann frei, mit jeder Zelle eures Körpers. Mit jeder Zelle eures Körpers habt ihr den Atem der Neuen Zeit, des neuen Geistes und der neuen Verträge in euch aufgenommen, und ihr merkt in eurem gesamten Körpersystem, dass ihr auch die Belastung nicht mehr spürt. Ihr seid viel aufrechter und erhebt euch über euch selbst, über euer vorheriges Sein. Das wird euch befreien – auch von euren Schmerzen im Rücken, in den Schultern, im Nacken und überall dort, wo es zwickt und krampfhaft festhält. Es wird euch körperlich deutlich besser gehen, wenn ihr diese alten Verträge aufgelöst habt.

Ihr seid die Meister und Meisterinnen eures Lebens und entscheidet mit eurer Einstellung und eurer Vorstellung davon, was wahr und richtig ist, was euch in diesem Leben begegnet. Wenn ihr eure Einstellung ändert, werden sich auch eure Verträge ändern. Ihr seid an dieser Stelle wirklich Schöpfer eurer Zukunft, eures Lebens. Mit dem, was ihr jetzt aus diesen Worten mitnehmt, erschafft ihr euer zukünftiges Sein, eure zukünftigen Abhängigkeiten oder Unabhängigkeiten durch Verträge oder Absprachen. Ihr seid diejenigen, die sich in jede Situation hineinmanövrieren. Niemand sonst hat in irgendeiner Form Schuld an dem, was ihr erlebt. Aber auch ihr tragt keine Schuld, sondern seid in eine Situation gegangen, in der ihr diese Erfahrung machen wolltet. Doch ihr habt jederzeit die Möglichkeit, aus dieser Erfahrung wieder herauszugehen und andere, schönere, bessere Erfahrungen zu machen. Es ist eure Entscheidung, euer Wollen, euer Sein.

Jetzt möchte ich dich bitten, für einen Moment tief ein- und auszuatmen. Für das, was du verändern willst, kannst du immer die Kraft der Wandlung der violetten Flamme, des violetten Strahls für dich in Anspruch nehmen. Diese Kraft der Wandlung kannst du zu dir rufen. Stell sie dir in der Farbe eines wunderschönen Amethysten vor und fühle, wie dieses violette Licht wie in einem Strahl durch dich hindurchfließt. Es kommt von oben in deinen Kopf hinein, durchströmt deinen Körper und fließt zu den Füßen wieder heraus. Das violette Licht, das jetzt jede Zelle deines Körpers beleuchtet und durch jede Zelle deines Körpers strahlt, dieses Licht der Wandlung ermöglicht dir alle Veränderungen, die du für dein Leben brauchst und willst.

Rufe mich jederzeit an, wenn du dich in einer Situation befindest, in der du Hilfe brauchst. Sei gewiss, dass dir dieses violette Licht, das durch dich hindurchstrahlt, bei allen Veränderungen helfen kann.

Wandlung geschieht unaufhörlich. Ihr seid in einem ständigen Prozess der Wandlung. Das violette Licht hilft euch, eure Festigkeit, Starrheit und Angst vor Veränderung zu überwinden. Ebenso hilft es euch, Veränderungen bei anderen Menschen so zu sehen, dass ihr sie annehmen könnt: wenn Menschen manchmal Dinge tun, mit denen ihr eure Schwierigkeiten habt, wenn sie sich plötzlich anders verhalten als früher, wenn sie sich geändert haben. Seid genauso nachsichtig, wie ihr Nachsicht bei euren Veränderungen erwartet.

Lasst euch darauf ein, Veränderung bei euch zu spüren und anzunehmen und Veränderung bei allen, die um euch sind, anzuerkennen, zu akzeptieren und sogar zu begrüßen. Jede Veränderung bringt neue Erfahrung, löst alte Verträge, bringt euch zu neuen Ufern und lässt euch in einem neuen Licht erscheinen. Ihr werdet frische, neue, schöne Dinge erleben können. Lasst euch darauf ein, und ihr werdet es viel leichter haben.

Immer, wenn ihr dafür Hilfe braucht, ruft nach dem Wesen der Geistigen Welt, das euch am Nächsten steht, sei es ein Erzengel, ein Aufgestiegener Meister oder Gott selbst. Ihr werdet immer auf unsere Hilfe zählen können.

Atmet tief ein und aus und spürt die Kraft der Veränderung in euch. Freut euch auf alles, was sich ändert. Es bringt euch wunderschöne, neue Erfahrungen.

ICH BIN, der ICH BIN. ICH BIN St. Germain, der Meister der Veränderung, der Wandlung mit der violetten Flamme.

Unruhe und Nervosität (St. Germain)

ICH BIN, der ICH BIN. ICH BIN St. Germain.

Ich liebe euch alle, weil ihr diese typisch menschliche Unruhe habt. Ich liebe diese Unruhe. Sie ist ein sicheres Zeichen dafür, dass etwas in Bewegung ist und sich wandeln wird – dass *ihr* in die Wandlung kommt. Diese Unruhe ist sehr förderlich, ähnlich wie die Nervosität eines Rennpferds vor dem Start. Es steht in der Box, links und rechts sind die Konkurrenten, es hat Scheuklappen auf und sieht nicht, wer neben ihm vielleicht schneller oder langsamer sein könnte. Und plötzlich klappt das Tor auf, und das Rennen startet.

Diese Nervosität vorher, die Anspannung, die Unruhe, diese Ungewissheit, was als Nächstes geschieht, ist genau das, was viele von euch momentan fühlen. Es ist ein Zeichen dafür, dass ihr in euch entschieden habt, dass Wandlung geschehen darf. Wenn ihr diese Entscheidung getroffen habt, seid ihr bereit und habt die Erlaubnis gegeben, dass auf geistiger Ebene an euch und an eurem Körper gearbeitet werden darf. Und wenn ihr das entschieden habt, hält uns nichts mehr auf. Dann werden wir tätig.

Und ihr merkt, dass sich bei euch etwas verändert, sich euer Alltag verändert – auf der Arbeitsstelle oder im privaten Umfeld. Alles ist irgendwie nicht mehr richtig greifbar, und ihr fühlt euch nicht mehr sicher. Es ist nicht mehr so wie vorher. Plötzlich ist eine Veränderung da, die sich noch nicht manifestiert hat und im Untergrund schwelt, bei der ihr das Gefühl habt: „Ich kann es nicht richtig greifen, aber trotzdem merke ich, da ist etwas, das mich verunsichert und in meinem innersten Kern erschüttert."

Es ist euer Selbst, das euch erschüttert, und zwar auf einer viel höheren Ebene, als euer menschlicher Verstand es begreifen kann. Ihr selbst übernehmt in euch mehr und mehr die Führung. Euer Hohes Selbst kommt immer mehr durch und will sich mit euch verbinden und eurem Verstand bei den Dingen behilflich sein, die dieser noch nicht durchschauen kann. Ihr seid es also, die sich hier beunruhigen, die sich von sich selbst beunruhigen lassen. Und das ist gut so.

Denn es ist die Zeit der Wandlung, nicht nur der Welt, die sich mehr und mehr in eine Situation begibt, die ganzheitlicher und liebevoller wird und in der Abgrenzungen weniger werden. In euch ist es genauso. Dort, wo ihr vorher noch klare Grenzen ziehen konntet und Sicherheit hattet, sind plötzlich keine Zäune mehr, die euch vor den Dingen im Außen schützen. Plötzlich sind hier ein offenes Feld und ein Austausch mit Allem-was-ist. Ihr müsst euch völlig neu orientieren, weil ihr bemerkt, dass die alten Begrenzungen und Werte, die ihr von euren Eltern und Großeltern übernommen habt, plötzlich nicht mehr greifen. Ihr habt das Gefühl zu schwimmen und könnt euch nicht mehr richtig definieren, wodurch ihr euch selbst infrage stellt.

Eure Seele freut sich, weil sie den Körper, den Verstand genau an diesem Punkt haben wollte, an dem er sich die Frage stellt, wer er eigentlich ist. Wer ist der Mensch, der du zu sein glaubst? Wer bist du wirklich? Welche Wirklichkeit ist deine? Was wirkt, wenn du die Wirklichkeit definierst? An diesem Punkt ist euer Verstand zutiefst verunsichert, und ihr könnt nicht mehr klar denken. Viele Menschen machen hier einen Rückzieher und sagen: „OK, ich baue die alten Zäune wieder auf und mache die alten Grenzen wieder dicht." Das geht eine Zeit lang gut, aber alles um euch herum will sich immer wieder öffnen, und eure Zäune, die ihr neu aufgebaut habt, werden von allen Seiten wieder kaputtgemacht. Irgendwann habt ihr nur noch ein kleines Areal, das ihr mit Mühe und Not aufrechterhalten könnt, und selbst das bricht euch weg, weil um euch herum alles offen wird und sich nicht mehr an die alten Regeln hält. Ihr seid plötzlich bloßgestellt – mit eurem ganzen Sein, eurer ganzen Existenz. Alle können sehen, wer ihr wirklich seid, und ihr könnt euch nicht mehr vor eurem Selbst verstecken.

Dieses Bild wurde schon am Anfang in einem eurer heiligen Bücher benutzt, als Adam und Eva sich plötzlich nackt fühlten. Das ist genau die Situation, in die ihr jetzt kommt, wenn euch euer Hohes Selbst besucht und ihr euch erkennt. Es ist dann keine Begrenzung mehr da. Ihr seid völlig frei, bloß. Ihr habt eure innersten Gefühle nach außen gekehrt, und es beginnt eine völlig neue Erfahrung für euch. Ihr werdet nämlich nicht wie Adam und Eva in der Bibel sagen: „Ich brauche jetzt etwas zum Anziehen, um mich wieder abzugrenzen." Das geht in dieser Zeit nicht mehr. Wenn dieser Prozess des Sich-Freimachens, des Grenzen-Auflösens, einmal begonnen hat, ist er nicht mehr umkehrbar. Eure Seele möchte euch kennenlernen und euch in eurem gesamten System dienlich sein. Sie möchte sozusagen die Kontrolle eures Verstandes überwinden, sodass ihr das leben könnt, was ihr tatsächlich seid.

Ihr seid ein hohes Geistwesen, das in diesem Körper ist und sich selbst bewusst wird. Das ist der Prozess, in dem ihr seid. Dabei fallen alle Grenzen, alle Mauern sinken und es gibt keine Schutzwälle mehr. Am Ende dieses Prozesses geratet ihr in einen Zustand vollkommener Kraft, in dem ihr eure Macht wahrnehmt und lernt, sie immer mehr auszuüben. Es ist ein Zustand der Kraft und der Macht, der alles übersteigt, was ihr bisher erlebt und erfahren habt, in dem niemand mehr Macht über euch hat außer ihr selbst. Diese Macht ist so stark, dass ihr wie ein strahlender Stern seid, der die Liebe seines Seins in seine Umgebung ausstrahlt, sodass ihr wie ein Engel durch die Welt geht, die Liebe des Universums, die euch zu eigen ist, ausstrahlt und das Licht aus eurem Herzen heraus so stark ist, dass es alle wahrnehmen können.

Wenn ihr alle mehr und mehr in diesen Zustand gekommen seid, werdet ihr euch gegenseitig erkennen, auf einer Ebene und in einer Tiefe, die ihr euch jetzt noch nicht vorstellen könnt. Es wird eine Tiefe des Erkennens untereinander sein, die völlig ohne Worte ist und durch einen Blick, Gedanken, das Gefühl des Miteinanders entsteht. Ihr seid dann auch in der Gemeinschaft eins, und es gibt unter euch keine Grenzen mehr, es sei denn, ihr wollt es so. Die Klarheit in eurem Bewusstsein überschreitet alle eure geistigen Fähigkeiten, die ihr glaubtet, gehabt zu haben, und bedeutet eine völlige Auflösung all dessen, was euch an geistigen Grenzen bisher bekannt war. Ihr werdet alles erkennen, wenn ihr es braucht. Nichts wird euch verborgen sein. Ihr werdet immer in der Verbindung mit der gesamten Erkenntnis der Welt sein, wenn ihr in diesem Zustand seid. Das ist euer großes Ziel.

Jetzt seid ihr in einer Ebene, in der ihr noch ein wenig zaghaft an die Tür klopft, hinter der dieses große Ziel irgendwann zu erkennen sein wird. Dieses Ziel habt ihr euch vorgenommen, als ihr euch vor langer Zeit entschieden habt, aus eurem Engelbewusstsein herauszutreten und euch so weit in die Materie hineinzubegeben, dass ihr vergesst, welches Bewusstsein bei euch möglich ist. Jetzt habt ihr an die Tür geklopft, euer Hohes Selbst tritt ein und lässt zusammenwachsen, was vor Urzeiten voneinander getrennt wurde. Nach und nach werden alle Erkenntnisse, die ihr in den verschiedenen Inkarnationen auf der Erde oder sonstwo gesammelt habt, zu euch kommen, und ihr werdet euch ihrer voll bewusst sein. Darüber hinaus werdet ihr euch an alles erinnern, was ihr gewusst habt, bevor ihr dieses großes Abenteuer angetreten habt.

Ihr seid also auf einem Weg, ein Bewusstsein und eine Erkenntnis wiederzubekommen, die alles übertreffen, denn ihr nehmt alle Erfahrungen aller eurer Erdenleben mit zurück. Ihr seid in dieser Zeit, in der die Erde die neuen Voraussetzungen bietet, auf einem guten Weg, all das mit Leichtigkeit umzusetzen, was in früheren Zeiten nicht der Fall war. Ihr habt die einmalige Chance, die wunderbare Konstellation zu nutzen, die in dieser Zeitqualität herrscht. Wir werden euch mehr und mehr unterstützen, euch unterrichten und immer wieder darauf hinweisen, dass es so ist, damit ihr auf eurem Weg die Zweifel verliert, eure Unsicherheiten zu Sicherheiten werden, sich die Dinge, die ihr noch unklar seht, in Klarheit verwandeln, und das, was ihr Dualität nennt, nach und nach überwunden werden kann.

Dieser Wandel ist geplant und mitten in der Durchführung. Ihr selbst seid es, die sich entschieden haben, diesen Wandel mitzumachen. Und jetzt sitzt ihr hier, lest diese Zeilen und habt das Gefühl – was habt ihr für ein Gefühl? Ist das Gefühl der Unsicherheit noch da? Oder ist es inzwischen besser geworden? Habe ich euch inzwischen ein wenig..., na, wie sagt man das bei euch, ein wenig durcheinandergebracht? Wie geht es euch jetzt? Wird es euch klarer? Habt ihr jetzt mehr das Gefühl, dass ihr es tatsächlich seid und lernt, euch selbst zu erkennen? Wie geht es euch damit? Was fühlt ihr, wenn ihr tief in euch hineinfühlt? Fühlt ihr den Umarbeitungsprozess schon ein wenig und die Sicherheit, dass es jetzt losgeht, euer Körper umgebaut wird und in eurem hormonellen System, in eurem Nervensystem, in eurem Gefühlskörper und in eurem Mentalkörper die Voraussetzungen geschaffen werden, dass ihr die Ebenen, die euch durchdringen, besser erkennen könnt?

Es sind nicht die Ebenen, die sich weit über euch befinden, sondern die in euch sind. Alles ist in euch auf vielfältige Weise gespeichert und wird jetzt nach und nach geweckt. Dadurch ändert sich euer gesamtes Bewusstsein. Ihr werdet durch die Unruhe, die ab und zu in euch entsteht, immer wieder an die Grenzen eurer Zäune geführt, um sie einzureißen, große Tore zu öffnen und Neues hereinzulassen, damit mehr Erkenntnis, Weisheit und Klarheit in euer System kommen und ihr immer mehr erkennt, dass ihr mehr seid als der menschliche Körper, den ihr jeden Morgen im Spiegel betrachtet. Es ist mehr da als dieses Konglomerat von Zellen, das sich so zusammengefunden hat, dass es euren Körper bildet. Dieses Mehr werdet ihr nach und nach immer stärker in euch spüren. Und dieses Mehr macht euch manchmal Probleme, die aber nur dann entstehen, wenn ihr eure Zäune nicht öffnen möchtet. Wenn ihr nicht damit einverstanden seid, dass die Zäune umfallen, weil sie nicht mehr in diese Zeit passen und alt und vermodert sind.

Wenn ihr es zulasst, dass sich Begrenzungen verabschieden dürfen, nicht nur in eurem materiellen Umfeld, sondern auch die, die ihr in euren Gefühlen und Gedanken aufgebaut habt, in euren Gesellschaftssystemen, in denen ihr bestimmte Tabus erlassen habt, werdet ihr nach und nach eine Gesellschaftsform und ein Leben in eurem Körper entwickeln, das so voller Freude, Glück und Harmonie ist, wie ihr es aus manchen Geschichten und Erzählungen kennt, wenn zum Beispiel von dem Verheißenen Land, von Shambala oder anderen Orten gesprochen wird, an denen Glückseligkeit herrscht.

Die Suche nach diesen Orten ist nichts weiter als das, was ihr jetzt tut. Es ist die Suche nach euch in eurem Inneren. Es ist die Suche nach dem Funken in euch, der direkt aus der Quelle kommt. Dieser Funke wird sich immer mehr ausbreiten und sein Licht während dieses Prozesses strahlen lassen. Je leichter ihr das zulasst, desto weniger

Umstellungsschwierigkeiten werdet ihr haben. Je mehr ihr an dem Alten festhaltet, desto größer wird euer Gefühl des Leids sein. Es hängt also von euch ab, ob ihr in diesen Wandlungsprozess, der langfristig so oder so geschieht, Eigeninitiative mit hineinbringt und zulasst, was geschehen will, um glücklich und zufrieden in diese Neue Zeit zu gehen, oder ob ihr euch zurückzieht und dicht macht, so lange es noch geht, und dabei spürt, dass euer Körper noch das eine oder andere Wehwehchen hat.

Erkennt also, was euch bewegt, seht, wo ihr Veränderungspotenzial habt, und lasst diese Veränderung Schritt für Schritt zu. Es wird euch dabei gut gehen, auch wenn ihr am Anfang große Angst davor habt, weil alles anders sein wird. Es wird nichts so sein wie vorher. Euer Bewusstsein kann sich vollkommen verändern. Wenn das geschehen ist, auch schon während es geschieht, geratet ihr immer wieder in Situationen, die euch zeigen, dass ihr auf dem richtigen Weg seid. Andererseits gibt es auch immer wieder Momente und Augenblicke, die euch zeigen, wo ihr vom Weg abgewichen seid. Dann spürt ihr emotional, mental oder gar körperlich einen Schmerz, der euch zeigt: Halt! Hier geht es nicht weiter. Lieber den anderen Weg. Schaut euch also euer Leben an. Schaut euch an, wo es leicht geht. Und schaut euch an, wo Widerstände sind und Schwere herrscht. Dann geht euren Weg. Der Weg in die Neue Zeit hinein ist ein leichter, ihr müsst dabei nicht leiden. Ihr könnt die leichten Wege gehen. Ihr dürft es euch gestatten.

Die Unruhe, die Aufgeregtheit, das, was euch kribbelig macht wie ein Rennpferd vor dem Start, ist ein gutes Zeichen. Nutzt es, wenn diese Momente auftreten, und lasst zu, dass euch eure innere Unruhe vorwärtstreibt und euch tun lässt, was zu tun ist. Ruft mich hinzu. Ich bin derjenige, der für Wandlung zuständig ist, für Wandlung in Freiheit. Sagt mir Bescheid, wenn ihr Hilfe braucht. Ich bin für euch da. Mich hat einmal jemand gefragt, ob ich nicht schon so viel zu tun hätte, dass ich es gar nicht mehr schaffen würde. Ich sage euch: Es gibt keine Grenzen. Alles ist grenzenlos. Jeder von euch kann mich rufen, und mein Bewusstsein kann sich so aufteilen, dass ich bei jedem gleichzeitig sein kann. Ich bitte euch darum. Wenn ihr bei der Wandlung Hilfe braucht, ruft mich oder meine Kollegen. Jeder kommt gerne.

Ich wünsche euch viel Unruhe, inneres Kribbeln, manchmal auch ein richtiges Durcheinander eurer Gefühle und Gedanken. Es darf auch mal krachen!

ICH BIN, der ICH BIN. ICH BIN St. Germain.

Eigene Wahrheit und Gesundheit (Hilarion)

ICH BIN Hilarion.

Die Wahrheit ist eine heilsame Kraft. Die Wahrheit und der grüne Strahl der Heilung und wie Wahrheit und Heilung miteinander in Verbindung stehen, haben einige von euch schon bei sich selbst erlebt. Ich werde jetzt noch einmal die Zusammenhänge deutlicher machen und euch von Wahrheit und Heilung und von eurem Bewusstsein und heilsamen Wahrheiten erzählen.

Immer wenn ihr Heilung erfahren möchtet, seid ihr in eurem Körper/Geist/Seele-System in Disbalance. Ihr fühlt euch nicht wohl, habt eventuell körperliche Beschwerden und seid nicht in eurer Mitte, sondern außerhalb eurer Wohlfühlzone. Und immer, wenn ihr euch außerhalb eurer Wohlfühlzone befindet, seid ihr nicht in eurer ganzen Wahrheit, das heißt, ihr verdrängt oder schiebt etwas aus euch heraus. Ihr seht etwas nicht, was jetzt wahrgenommen werden möchte. Wahrnehmen und Wahrheit sind in der Sprache, in der ich jetzt zu euch spreche, miteinander verbunden. Ihr nehmt etwas wahr, integriert es in euer Körper/Geist/Seele-System und habt ein neues Stück Wahrheit für euch gefunden. Wenn das geschehen und vollkommen integriert ist, seid ihr mit dieser neuen Erkenntnis vollkommen in Balance, und es geht euch gut damit.

Wenn aber diese neue Erkenntnis mit eurem bisherigen Leben nicht übereinstimmt, gibt es ein Wahrheitsgefälle zwischen eurer Erkenntnis und eurem tatsächlich geführten Leben. Dieses Gefälle wird von euch erst einmal als Störung wahrgenommen – ihr merkt, dass etwas nicht stimmt. Die Störung wird dann entweder verdrängt oder aber sofort angenommen und verändert. Ihr fühlt, dass ihr etwas richten müsst. Wenn ihr euren Lebensentwurf und eure neue Erkenntnis wieder auf eine Ebene gebracht habt, spiegelt auch euer Leben eure Wahrheit wider, und ihr seid wieder in der Balance.

Wenn diese Angleichung nicht sofort funktioniert und ihr ein Gefälle zwischen Erkenntnis und tatsächlichem Leben habt, fühlt ihr diesen Schwingungsunterschied als Disbalance, die euch innerlich reizt, euch immer wieder aufstößt und bei der ihr merkt, dass hier Grenzen sind, die ihr so nicht überschreiten könnt. Je länger dieser Zustand in euch anhält, desto weniger werdet ihr mit euren Gefühlen klarkommen. Wenn ihr diese weiterhin kontinuierlich unterdrückt und wegschiebt, wird euer Körper euch irgendwann an der einen oder anderen Stelle Signale geben, erst kleine und später größere.

Nach und nach werdet ihr merken: „Jetzt muss ich langsam etwas tun, weil mein Körper nach Heilung schreit." Er möchte wieder in die Balance gebracht werden. Wenn es so weit ist, dass euer Körper sich bemerkbar macht, habt ihr oft die Ursache nicht mehr klar vor Augen, aus der heraus dieser Schmerz einmal entstanden ist, das heißt, eure Wahrheit, die ihr als Erkenntnis neu in euer Leben genommen habt, bringt sie nicht in Zusammenhang mit dem Schmerz, den euer Körper euch signalisiert. Ihr habt also jetzt einen unklaren Schmerz, von dem ihr nicht wisst, woher er kommt. Mit diesem Schmerz geht ihr dann zu einem Arzt oder einem anderen Heiler, der euch eure Gesundheit wiedergeben soll. Ihr geht zu jemandem im Außen, von dem ihr glaubt, dass er euch Hilfe geben kann. Die Ursache dessen liegt aber in eurem Inneren.

Manchmal ist die äußere Hilfe natürlich wichtig, damit ihr wieder handlungsfähig werdet. Ihr solltet also nicht gleich die Hilfen im Außen ablehnen. Dann solltet ihr euch jedoch daran machen, die Ursachen zu finden, zu erforschen, in eurem Inneren zu schauen. Manchmal geht das ganz gut alleine, indem ihr euch auf euch selbst konzentriert und euch klar macht, wo ihr aus eurer Mitte gefallen seid. Wenn ihr diese Ursachen gefunden und euch wieder angeglichen habt, ist das System wieder in Balance, und ihr seid in der Regel den Schmerz los.

Wenn das System allerdings schon so in eurem Alltag verwurzelt ist, dass ihr alleine nicht mehr an die Ursache kommt, braucht ihr Menschen, die euch in diesem Prozess weiterhelfen. Manchmal ist es auch hilfreich, uns auf der geistigen Ebene anzurufen und um Hilfe zu bitten. Wir werden dann entweder sofort helfen können, oder es wird einen Umweg über einen anderen Menschen geben, zu dem ihr Vertrauen habt und mit dem ihr gemeinsam diesen Punkt angehen könnt.

Ihr seid als große geistige Wesen angetreten, hier als Menschen Erfahrungen zu machen und diese immer mehr zu erweitern. Dadurch, dass ihr vergessen habt, wer ihr seid, geratet ihr immer wieder in Situationen, in denen euer Lebensentwurf nicht mit der Wahrheit eures Seins übereinstimmt. So lange ihr einen Körper habt, wird euch diese Disbalance immer begleiten, und ihr werdet immer wieder eure Wahrheit neu ausbalancieren, eine Erkenntnis, die neu dazugekommen ist, in euer gesamtes Körper/Geist/Seele-System integrieren. Wenn ihr es nicht tut, es nicht erkennt, werdet ihr über eure Gefühle und später über euren Körper dorthin geführt werden, dass ihr nicht umhin kommt, euch mit dem Thema zu beschäftigen. Manchmal benutzt ihr solche körperlichen Beschwerden, um euren Körper ganz zu verlassen und wieder von vorne zu beginnen.

Meistens ist das aber nicht erforderlich, und ihr könnt mit den neuen Erkenntnissen weitermachen und durch sie in die neuen, höheren Dimensionen aufsteigen, in denen dann die Wahrheit offensichtlicher ist. Wenn ihr in eurem Bewusstsein immer mehr Erkenntnisse gewonnen habt, fällt es euch zusehend leichter, euer Leben in seiner körperlichen Auswirkung mit allem, was dazugehört, und eure Erkenntnisse so anzugleichen, dass ihr in der Balance seid und das lebt, was ihr glaubt und fühlt. Wenn ihr das tut, gibt es keine Krankheit und Disbalance, dann seid ihr eins. Ihr habt die Trennung in euch überwunden, die Trennung von euch selbst.

Immer wenn euer Hohes Selbst durch euch agieren will, es sich durch euren Körper, eure Gefühle und Gedanken manifestieren möchte und ihr es durchlasst, werdet ihr in Harmonie mit euch leben und spüren, dass sich alles richtig anfühlt und der Wahrheit entspricht, die ihr jetzt verkörpert. Ihr seid also mit allen Erkenntnissen, die sich bis in eure Gedanken, Gefühle und euren Körper hinein in euch manifestieren wollen, immer verbunden. Nur wenn ihr alles, was ihr darstellt, mit eurer Wahrheit und eurem inneren Sein verbindet, könnt ihr so in die Balance kommen, dass ihr an Körper, Geist und Seele vollkommen gesund seid.

Gesundheit ist nicht das Gegenteil von Krankheit oder das Fehlen von Schmerzen, sondern eine ausgewogene innere Balance eures gesamten Körper/Geist/Seele-Systems auf allen Ebenen. So lange ihr in diesem Körper seid, werdet ihr am Körper/Geist/Seele-System immer wieder Veränderungen vornehmen, weil diese Veränderungen zur Entwicklung der Menschheit gehören. Jedes Mal, wenn eine Entwicklung ansteht, wird eine Erkenntnis auftauchen, die zu Veränderung führen und ihre Wahrheit ausdrücken möchte. Diese Erkenntnis wird sich dann in alle Systeme hinein entwickeln, das heißt, die Wahrheit wird sich Bahn brechen, in den Verstand einrieseln und sich dann ausbreiten. Und ihr werdet merken, dass ihr nicht mehr so denkt wie früher.

Dadurch wird sich euer Gefühlsleben verändern. Dann wird es sich im Körperlichen manifestieren, und ihr werdet andere Vorlieben entwickeln, sei es beim Essen oder beim Trinken. In vielen Ebenen werdet ihr es auch körperlich spüren. Dann hat es sich innerhalb des Körpers, des Geistes und der Gefühle manifestiert. Wenn es auf diesem Weg, von der Erkenntnis bis in euren Körper, keinen Widerstand gegeben hat, habt ihr die neue Wahrheit in alle eure Systeme integriert und seid mit dieser neuen Erkenntnis in eine neue Bewusstseinsebene gewechselt.

Ihr habt alles bewusst angenommen, und zwar mit eurem gesamten Ausdruck – euren Gefühlen, eurem Körper und euren Gedanken.

Habt ihr an irgendeiner Stelle einen Widerstand gefühlt, zum Beispiel dass bei euren Gedanken direkt ein Gegengedanke war, der diese neue Erkenntnis angehalten hat, ist dort eine Blockade. In dem Fall wird in euren Gedanken und Glaubensmustern das erste Mal eine Diskrepanz entstehen, und ihr seid mit dem, was ihr neu gelernt habt, nicht mehr in Balance, weil ihr es nicht integrieren konntet. Wenn das Neue stark genug ist, dass es sich trotzdem behauptet, habt ihr ein Konfliktfeld in euren Gedanken. Das hat zur Folge, dass es sich auf eure Gefühle auswirkt. Ihr merkt also auch bei euren Gefühlen, dass ihr nicht in eurer Mitte seid, ihr leichter ausrastet, es leichter ist, euch herauszufordern und ihr eure Ablehnung gegen manche Dinge sehr vehement ausdrückt. Das geschieht hauptsächlich dann, wenn diese Disbalance vorhanden ist.

Diese Unausgeglichenheit in euren Gefühlen kann dazu führen, dass euer Körper an einer passenden Stelle einen Schmerz, eine Krankheit entwickelt, bis dahin, dass diese Krankheit euch aus dem Leben treten lässt. So gravierend kann eine einzige neue Erkenntnis sein, die nicht in das Gesamtsystem integriert wird. Das heißt, es ist immer ein Entwicklungsprozess, der in euch geschieht und vom grünen Strahl, der in euch in unterschiedlicher Stärke wirkt, begleitet werden kann. Und immer, wenn eure Wahrheit integriert wird, entspricht das der Heilung auf allen Ebenen. Wenn diese Wahrheit in eurem Verstand anerkannt wird und hier keine Disbalance mehr ist, seid ihr in die Heilung gegangen. Diese kann sich dann weiter in euren Gefühlskörper und von dort in euren materiellen Körper ausbreiten, sodass der Schmerz, der durch diese Disbalance entstanden war, gehen darf.

Dies sind Wege in eurem Körper, die ihr kennen solltet, um euch besser beobachten zu können und zu erkennen, warum ihr manchmal in euren Gefühlen oder in eurer Körperlichkeit diese Störungen erlebt. Es ist ein wichtiger Schritt für jeden, diese Dinge bei sich zu erkennen und anzuschauen. Jeder neigt dazu, im Außen zu suchen, warum etwas wehtut, ein Gefühl nicht stimmt oder ihr in der Disbalance seid. Oft findet ihr dort jemanden, der euch das angetan, euch diese neue Erkenntnis übermittelt hat. Und ihr merkt, dass es nicht mehr mit dem übereinstimmt, was ihr jetzt gerade seid, und dann seid ihr in der Versuchung, die Schuld daran anderen zuzuweisen.

Es ist aber immer so, dass euch nur das trifft, was gerade ansteht. Alles, was euch von außen begegnet, hat euch eure Seele im Inneren schon längst vorgetragen. Wenn es von außen an euch herantritt, habt ihr vorher nicht auf euer Inneres gehört, ihr wart zu abgelenkt. Darum gibt es keine Schuld in diesem Spiel der Wahrheit und ihrer Annahme. In diesem Spiel zwischen Gesundheit und Krankheit geht es immer um Integration der Wahrheit dessen, was jetzt ist. Es gibt auch keine Schuld in euch. Niemand hat in irgendeiner Form Schuld daran, dass ihr krank seid. Es ist ein Prozess der Entwicklung, der von eurer Seele eingeleitet wurde, damit ihr diese Erfahrung macht. Durch diese Erfahrung werdet ihr zu einer Erkenntnis kommen, die euch größer macht, euch weiter öffnet und euch euer Sein als Ganzes immer mehr zeigt. Es gibt Erfahrungen über den Körper, über die Gefühle und manchmal auch nur über die Gedanken.

Bei jedem von euch zeigt es sich unterschiedlich, weil ihr es oft schon beschlossen habt, bevor ihr auf die Erde kamt. Ihr wollt alles entdecken, und dabei werdet ihr euch immer besser kennenlernen, wodurch auf tiefster Ebene Heilung geschehen wird. Ihr werdet heil werden, ganz werden und nach und nach alle Anteile von euch integrieren, die zu euch gehören, sodass ihr euch eines Tages als das Geistwesen erkennen werdet, das ihr in diesem Körper seid. Ihr werdet dann eine so tiefe Erkenntnis von Wahrheit haben, dass es heilsam für euch ist und Krankheit vollkommen ausgeschlossen. Krankheit ist dann nicht mehr möglich, weil ihr vollkommen in euch ruht und euch selbst erkennt. Damit seid ihr ganz und heil.

Dieser Weg wird euch durch alle eure Prozesse führen, die ihr noch vor euch habt, und ihr werdet dabei sehr viel von euch erkennen. Diese Erkenntnisse – aus dem seelischen Leben heraus, bis in eure Körperlichkeit hinein – wird jeder haben, der in den Aufstieg geht. Jeder auf seine Weise, so, wie er es sich für dieses Leben vorgenommen hat. Ihr werdet ganz und heil in den Aufstieg und in die neue Dimension gehen. Immer dann, wenn ihr dabei die Hilfe des grünen Strahls, des Wahrheitsstrahls, oder die der Heilung braucht, könnt ihr mich oder Erzengel Raphael anrufen. Auf dem grünen Strahl wird immer viel

Liebe mitschwingen, die für die Heilung unerlässlich ist. Die Liebe ist die Grundlage für die gesamte Heilung auf diesen Ebenen.

Ihr seid selbst die Heilerinnen und Heiler für euer Sein. Alles, was euch von außen dabei hilft, seien es andere Menschen oder Erkenntnisse aus der Geistigen Welt, unterstützen nur euer eigenes Tun. Ihr selbst seid eure eigenen Heilerinnen und Heiler.

In diesem Sinne wünsche ich euch, dass die Wahrheit, die euch trifft, in Liebe von euch in eure gesamten Systeme integriert werden kann, damit ihr leicht und unbeschwert in den Aufstieg und in die Neue Zeit gehen könnt. Ruft uns, wenn ihr unsere Hilfe braucht. Wir sind jederzeit für euch da.

ICH BIN Hilarion, und ich grüße euch über den grünen Strahl der Heilung und der Wahrheit, die euch in eurem Herzen berühren mögen und von der Liebe begleitet sein sollen, die das ganze Universum durchströmt.

Das Feld der Liebe und Selbstliebe

ICH BIN Sanat Kumara.

Ich grüße euch im Namen der Einheit, der Quelle, aus der alles kommt und zu der alles zurückgeht. Ich werde euch jetzt von der Energie der Liebe erzählen, die sich im Universum von der Quelle durch alle Dimensionen bis in die Materie hinein ausbreitet.

Die Liebe ist ein Wort für diese allumfassende Energie, aus der alles entsteht, die alles ist und der nichts hinzugefügt werden kann. Sie ist, wie sie ist. Sie ist allumfassend, und sie kann in den Worten, die ihr kennt, nicht beschrieben werden. Sie kann gefühlt werden, und ihr könnt auf verschiedenen Ebenen ein Gefühl dafür bekommen, wie es ist, vollkommen in der Liebe eingebettet zu sein. Es ist ein Gefühl, das weit über das hinaus geht, was ihr in eurem Erdenleben als partnerschaftliche Liebe kennt: die Verbindung zwischen zwei Menschen, durch die dann wieder neues Leben entstehen kann, und die sich so sehr mögen, dass sie eine Zeit lang gemeinsam durch dieses Leben gehen.

Das, was ihr in diesen persönlichen Beziehungen fühlt, ist nur ein Abklatsch, eine kleine Version dessen, was die allumfassende Liebe beinhaltet. Und selbst diese eure Liebe, die ihr fühlt und erlebt, könnt ihr oft nicht in Worte fassen, weil sie euch für dieses wunderschöne Gefühl – wenn ihr es denn habt – fehlen. Es ist wie ein Schweben, wie ein Auf-Wolken-Gehen, etwas, das ihr mit der Schwere des irdischen Lebens und der irdischen Worte nicht erklären könnt. Noch viel mehr ist dies auf den Ebenen der Fall, die darüber liegen. In den Dimensionen über der Dritten Dimension sind die Energien der Liebe noch viel umfassender und in ihrem Ausdruck vollkommener, sodass ihr in manchen Momenten, in denen ihr euch diesem Gefühl annähert, eine Ahnung davon bekommen könnt.

Es ist ein Gefühl, eine Energie, die am besten damit beschrieben wird, dass sie Alles-was-ist umfasst. Sie ist genauso da, wie die Sonne scheint. Sie stellt keine Bedingungen, sie ist nur präsent. In dieser Präsenz gibt sie sich allem hin, was ist. In der gesamten Schöpfung gibt es nichts, was nicht durch die Liebe entstanden und geprägt wäre. Von den Engeln in den Himmeln bis in die Dimension der Materie ist jeder Bereich vollkommen von dieser Energie der Liebe durchtränkt.

Dieses Feld, dieses umfassende Liebesfeld, das alles einhüllt, was existiert, ist die Grundlage, aus der sich die Dinge entwickeln können, die sich absondern und bestimmte Aufgaben übernehmen möchten, um innerhalb der Schöpfung Erfahrung zu ermöglichen. Ihr seid ein Teil dieses Feldes, das sich getrennt hat, um Erfahrungen zu machen, wo aus der Dimension der Liebe heraus Licht und Schatten entstanden sind. Wo aus dem Licht und dem Schatten Energien und Kräfte entstanden sind, die ihr Ätherkräfte nennt oder in anderen Kulturen Chi, Prana oder Od. Wie auch immer ihr diese Energien bezeichnet, sie sind noch sehr subtil und mit dreidimensionalen Instrumenten schwer zu erforschen.

In erster Linie werden diese Dinge eher gespürt, geahnt, vermutet, auf einer tiefen Ebene von manchen

Menschen stark empfunden, und trotzdem sind sie nicht beweisbar im Sinne eurer Naturwissenschaft, wobei sich in diesem Bereich einiges ändern wird. Ihr werdet merken, dass in Zukunft immer mehr auch in der Naturwissenschaft anerkannt wird, was bisher in den Bereich der Grenzwissenschaften gehörte. Die subtileren Kraftfelder, die dafür zuständig sind, dass Leben existieren kann, werden immer mehr von der Wissenschaft erkannt. Ihr werdet auch zunehmend Artikel finden, wie die Naturwissenschaft zu diesen Phänomenen Stellung nimmt.

Die Kraft, das Licht, der Äther, der sich dann in weiteren Trennungsschritten in der Dreidimensionalität ausdrückt, das ist die Reihenfolge der Entstehung – grob zusammengefasst –, die ihr in dem Moment, in dem ihr in eurem Körper seid, vergesst. Es ist euch nicht mehr bewusst, dass ihr in eurer Essenz reine Liebe der Quelle seid, die sich bis hin zu dem Fragment aufgeteilt hat, das ihr jetzt seid. Wir sehen von dieser Seite aus klar, dass ihr euch so aufgeteilt habt, dass ihr tatsächlich mit dem Leben, das ihr als Mensch auf der Erde lebt, ein Fragment dessen seid, der oder die ihr tatsächlich seid.

Ihr habt einen Teil eures Lebens abgespalten und in diese Inkarnation hineingegeben. Es ist nur ein kleiner Teil von euch und wird in dieser Inkarnation, in dieser Zeitschiene, in der ihr jetzt seid, dazu benutzt, um wieder mehr von der Liebe und dem Licht, das ihr tatsächlich seid, zu spüren und die Anteile, die ihr in anderen Dimensionen zurückgelassen habt, zu integrieren. Die Zeit dafür ist jetzt. Ihr könnt euch öffnen und eure Anteile, die ihr auf eurem

Weg zurückgelassen habt, wieder in euch aufnehmen.

Damit wird der Teil eures Seins, in dem ihr jetzt seid, in eine andere Schwingungsebene aufsteigen. Ihr werdet diesen Körper, so, wie er ist, in eine Schwingungsebene, in eine Bewusstseinsebene mit hineinnehmen, in der ihr das Licht und die Liebe mehr erfahrt, in der ihr sie mit euren dann höheren Sinnen tatsächlich wahrnehmen könnt. Das, was ihr dann spüren werdet, geht über die fünf menschlichen Sinne hinaus. Ihr werdet es einfach wissen. Es ist ein Eingebunden-Sein in Alles-was-ist. Einige werden es mit diesem Körper erfahren und mit ihm Reisen machen können, von denen ihr am Anfang glaubt, dass sie nur in der Phantasie stattfinden. Es werden Reisen sein, die euch zu euren Brüdern und Schwestern in andere Dimensionen führen werden. Sie warten schon darauf, dass ihr euch auf diese Stufe hin entwickelt, damit Kontakte mit Wesen möglich werden, die jetzt schon in der Fünften Dimension leben. Es wird eine große Wiedersehensfreude geben, weil ihr euch alle kennt.

Ihr seid euch vielleicht vor Tausenden von Jahren schon einmal begegnet. Und ihr seid euch vielleicht letzte Nacht begegnet. Jeden Abend oder jede Nacht, manchmal auch am Tag, wenn ihr träumt, seid ihr unterwegs. Ihr legt euren Körper und den Verstand zur Ruhe, und wenn sie dann eingeschlafen sind, ist euer Geist bereit, Reisen zu unternehmen und Dinge zu entwickeln, die für euch jetzt angemessen sind. Wenn ihr vielleicht nachts manchmal wach werdet und euch an Dinge erinnert, von denen ihr nicht genau wisst, was das eigentlich war, könnt ihr sicher sein, dass ihr in anderen Dimensionen wart. Und wenn ihr morgens aufwacht und das Gefühlt habt, nicht lange genug geschlafen zu haben, dann seid sicher, dass ihr auf euren nächtlichen Reisen gearbeitet habt, wie ihr so schön sagt. Es ist natürlich eine Arbeit auf geistiger Ebene. Es ist ein Sich-Verbinden mit den Wesen in den erweiterten Dimensionen, ein Sich-Austauschen, um diesen Prozess abzustimmen, in dem ihr euren Tag auf der Erde lebt. Ihr seid unterwegs. Viele von euch haben tatsächlich Aufgaben übernommen, um diesen Prozess des Aufstiegs für alle leichter zu gestalten, Hilfestellung anzubieten, Verständnis für die Schwierigkeiten in diesem Aufstiegsszenarium zu entwickeln, weil der Verstand oft nicht nachvollziehen kann, was tatsächlich passiert.

Dann gibt es Momente, in denen ihr euch von diesen Dimensionen, von den Brüdern und Schwestern dort und teilweise von euch selbst völlig abgeschnitten fühlt. Ihr habt dann den Eindruck, so fest in der Materie zu stecken, dass sich nichts mehr tut. Ihr messt euch an dem, was in eurer Kultur an Instrumenten aufgebaut worden ist, um euch gegenseitig zu bewerten und euch das Leben natürlich auch zu erklären. Dann seid ihr in einer Situation, in der ihr nicht das tun könnt, was andere vielleicht tun. Das lässt euch erscheinen, als ob ihr nicht zu den Menschen dazugehört, sondern anders seid, und viele fühlen sich damit nicht wohl. Sie lehnen es innerlich ab und bereiten sich dadurch selbst Schmerzen und Leid.

Es ist leicht gesagt, was ich jetzt sagen will, aber ich sage es trotzdem: Wenn du das, was deine Seele dir auf den Weg in dieses Leben hineingegeben hat, bedingungslos annimmst und es nicht auf die Art bewertest, was die Bewertungskriterien eurer Gesellschaft zur Zeit hergeben, hast du wesentlich weniger Leid, als wenn du dich mit anderen vergleichst und anstrebst, so zu sein wie sie. Erkenne an, dass du der oder diejenige bist, der/die *du* bist, und das gewählt hast, was du jetzt bist. Mit dieser vollkommenen Anerkennung machst du einen großen Schritt in Richtung allumfassender Liebe, von der ich am Anfang gesprochen habe.

Die allumfassende Liebe fängt bei dir an. Es ist wichtig und gehört zum Aufstiegsprozess dazu, dass du dich so, wie du jetzt bist, vollkommen annimmst und liebst. Nicht einfach nur sagst: „Ja, ja, das ist schon in Ordnung, wie ich bin." Nein. Es kommt darauf an, dass du auf allen Ebenen „Ja" zu dir sagst: „Ja, ich liebe mich so, wie ich bin." Und wenn du in deinem Herzen fühlst, dass es wirklich so ist, dass es tatsächlich das Gefühl ist, das in deinem Inneren entsteht und das du damit ausdrückst, bist du einen großen Schritt weiter, und wir können dich schon bald auf unserer Seite des Schleiers begrüßen, weil die Nebel lichter werden, wenn die Liebe zu dir als Feuer in dir entfacht wird. Dann werden die Nebel verschwinden, und du wirst länger, mehr und klarer sehen. Du wirst dich in diesem großen Feld der Liebe eingebunden fühlen, das für alle von Anfang an und immer da ist, das immer existiert, das von Anbeginn der Schöpfung vorhanden war – wenn es denn einen Anbeginn gibt, was in unserer Ebene gar nicht so klar ist –, also von Ewigkeit zu Ewigkeit, wie ihr gerne sagt.

Dieses Feld der Liebe wieder zu entdecken, ist für euch der Schlüssel zum Aufstieg, und dieser Schlüssel führt durch euer Herz: es zu öffnen und eure Liebesflamme für euch selbst lodern zu lassen, sodass ihr tatsächlich die Liebe zu euch fühlt und nicht nur in Worten ausdrückt. Um diesen Schlüssel zu bekommen, nehmt euch Zeit für euch selbst. Träumt Tagträume. Schlaft viel. Tut die Dinge, die euch persönlich guttun und euch zu euch selbst führen. Natürlich könnt ihr euch auch gerne ablenken, indem ihr euch anderen zuwendet, aber seht zu, dass ihr für euch Zeit findet, dass ihr für euch und euer Gefühl zu euch selbst einen Raum habt, einen Platz, und euch die Gelegenheit gebt, dieses Gefühl zu entfachen.

Wenn ihr das tut, nehmt einen tiefen Atemzug und spürt, dass die Luft, die ihr in euren Mund einatmet, ähnlich ist wie das Feld der Liebe, das für alle da ist. Und auch diese Luft, die ihr atmet, ist in jedem. Es gibt keinen Unterschied. Mit jedem Atemzug weitet ihr euren Brustraum und öffnet in euren Gedanken euer Herz. Lasst den Atem des Lebens dort hineinströmen und die Flamme der Liebe zu euch entfachen. Fühlt, wie die Flamme heller lodert, wenn ihr tief einatmet. Spürt, wie euer Herz beginnt, die Liebe zu euch selbst zu entflammen. Lasst es geschehen. Wehrt euch nicht dagegen.

Ihr habt euch in eurer Kultur einige kleine Stolpersteine dafür eingebaut: „Man muss sich erst um andere kümmern. Es gehört sich nicht, egoistisch zu sein. Darf ich mir das überhaupt gönnen?"

Es geht hier nicht um Gönnen oder Egoistisch-Sein, sondern darum, wieder in das Feld der Liebe zurückzufinden, in dem alle eingebettet sind, und wenn du dort angelangt bist, bist du wieder mit allen zusammen. Damit ist es kein egoistischer Akt, sich selbst zu lieben, sondern ein Akt der Nächstenliebe. Dieser Begriff ist in eurer Kultur sehr geprägt, und ich meine das tatsächlich so, weil ihr, wenn ihr euch selbst vollkommen liebt, auch wieder alle anderen so lieben könnt, wie sie sind, ohne sie verändern zu wollen.

Nehmt diese Worte und bewegt sie in euch. Fühlt, wie sie in eurem Herzen nachklingen. Spürt die Energie, die mit diesen Worten zu euch fließt und wie ihr sie in eurem Feld aufnehmt. Nehmt euch die Zeit, die ihr braucht. Seid geduldig, wenn es nicht gleich so funktioniert, wie ihr es möchtet. Lasst euren Willen und euer Wollen außen vor und gebt euch dem Prozess hin. Jeder von euch wird für sich erleben, was es heißt, die Herzensliebe für sich selbst wieder zu spüren.

Ich liebe euch unendlich.
ICH BIN Sanat Kumara.

Liebe und Sexualität

ICH BIN Sanat Kumara.

Ich grüße euch im Namen der Einheit, der Quelle, aus der alles kommt und zu der alles zurückkehrt.

An dieser Stelle werde ich mich eines sehr großen Themas annehmen, eines Aspekts der Göttlichkeit, der durch alle Ebenen fließt, Urgrund allen Seins ist und sich durch alle Schöpfungsebenen hindurchzieht. Dieser wunderbare Aspekt ist die Liebe. Die Liebe, durch die alles geschaffen ist, was ist. Und es gibt nichts, was nicht ist, und deshalb ist alles in der Liebe, auch wenn euch manches nicht so vorkommt.

Ihr lernt die Liebe in eurem Leben als Erstes kennen, wenn ihr von euren Eltern geliebt werdet, aufgenommen seid in die Gemeinschaft der Familie und euch geborgen und geliebt fühlt. Nach und nach, wenn ihr in eurem körperlichen Leben wachst, geht die Entwicklung in Richtung partnerschaftliche Liebe, in der ihr mit euren Gefühlen und eurem Körper Kontakte eingeht und Dinge ausprobiert. Ihr fühlt, wie es ist, wenn ihr ganz in dem Gefühl der Liebe seid. Im Laufe eures Lebens lernt ihr dann die verschiedenen Abstufungen kennen, wie ihr sie euch kreiert. Ihr erlebt und fühlt, wie ihr die Liebe wahrnehmt, erlebt Enttäuschungen, überbordende Freude und Glückseligkeit. Immer ist es euer Gesichtspunkt, euer Blick auf das Ganze, der die Entscheidung trifft, ob ihr in dem Moment in der Liebesschwingung seid oder euch davon getrennt habt. Es ist euer Blickwinkel, der entscheidet.

Aus Sicht der Aufgestiegenen Meister, Engel und Wesenheiten in den Ebenen, die nahe der Quelle sind, gibt es
nur Liebe. Es gibt nur eine Ebene des Glücks, der Glückseligkeit, der Zufriedenheit, des Friedens. Das sind alles
Worte, die nur annähernd das beschreiben, was in diesen Ebenen als Liebe erlebt wird. Ich kann es euch mit
menschlichen Worten nicht erklären. Es ist etwas, das ihr
im Laufe eurer Entwicklung selbst erleben werdet, indem
ihr in den Aufstieg geht.

Ich werde heute vor allen Dingen davon erzählen, wie
es für euch sein wird, wenn sich euer Gesichtspunkt und
euer Fühlen von der Liebe verändern wird, wie ihr euren
Weg geht und eure körperlichen, seelischen und mentalen
Veränderungen im Aufstiegsprozess erlebt. Ihr werdet euren alten Fokus, euren alten Blickwinkel, wie ihr Liebe
empfindet und fühlt, wie ihr sie vom Verstand her beurteilt,
nach und nach verändern, denn vieles wird sich bei euch
verändern, wenn ihr in diesem Prozess seid. Es kann sein,
dass ihr Zeiten erlebt, in denen ihr euch alleingelassen
fühlt und den Eindruck habt, dass die Liebe meilenweit
von euch entfernt ist. In solchen Momenten fühlt ihr euch
verlassen. Dieses Gefühl des Verlassen-Seins ist eure
Trennung von der Quelle, von der Liebe, die das ganze
Universum zusammenhält. Es ist jedoch nicht die Realität, sondern eure Vorstellung, die euch in dieses Gefühl
bringt. In Wirklichkeit seid ihr immer verbunden, ihr fühlt
euch nur getrennt.

Während ihr durch ein solches Tal geht, kann sich auf
der anderen Seite wieder ein kleiner Hügel zeigen – ihr

kommt aus dem Nebel heraus und seht ein Stück von der Sonne, fühlt wieder die Liebe in euch, die Liebe der anderen, die um euch sind, und ihr fühlt euch wieder angenommen und bestätigt. Nun könnt ihr euch nicht mehr vorstellen, warum ihr in diesem Loch wart, warum ihr euch von der Liebe so abgetrennt fühltet. Diese Entwicklungen des Aufs und Abs werdet ihr in diesem Prozess, durch den alle eure Körper gehen, immer wieder erleben.

Ebenso werdet ihr Zeiten erleben, in denen ihr euch stark nach körperlicher Liebe sehnt, in denen ihr das Gefühl habt, nicht genug davon zu bekommen. Und dann wird es wieder Zeiten geben, in denen euch dieses Gefühl so fremd erscheint, dass ihr euch gar nicht vorstellen könnt, überhaupt euren Körper dazu zu nutzen, Liebe mit einem anderen Menschen zu haben. Ihr sehnt euch nach der Liebe des Geistes, nach der Liebe Gottes in euch, nach der geistigen Liebe, die über dem Körperlichen ist. Doch so lange ihr in diesem Körper seid, wird es immer wieder Momente geben, in denen ihr das Gefühl der körperlichen Liebe schätzt. Wenn ihr es ausblendet, wie es in vielen Traditionen gemacht wird, um sich sozusagen spirituell zu entwickeln, werdet ihr zu einem späteren Zeitpunkt wieder einen Ausgleich schaffen müssen.

Alles, was ihr mit eurem Willen und euren Vorstellungen von dem, wie es zu sein hat, unterdrückt und eingrenzt, wird euch nicht förderlich sein. Im Gegenteil, es lässt euch verharren und bringt euch nicht weiter. Nur wenn ihr eure körperlichen, seelischen und geistigen Bedürfnisse fließen lasst, damit ihr durch sie eure Erfahrungen machen und eure Gefühle leben könnt, werdet ihr auf eurem Weg weiterkommen und im Aufstieg eine Stufe nach der (oder auch neben der) anderen erreichen – der Aufstiegsprozess ist ja kein kontinuierlicher Prozess des Voranschreitens, sondern ein Hin- und Herspringen auf den Stufen der Entwicklung.

Aber ohne alle Schritte gegangen zu sein, wird es nicht gehen. Ihr werdet nach und nach alles erleben, was zum Aufstieg gehört. Schränkt euch nicht ein. Lasst alle Möglichkeiten, die euch die Liebe bietet, auf allen Ebenen zu, wenn es sich mit dem verträgt, was ihr mit euren Partnern abgesprochen habt. Ihr seid in einer Gemeinschaft und nicht allein. Ihr habt immer Absprachen getroffen, und innerhalb dieser Absprachen ist alles möglich.

Alle eure Kulturen haben in irgendeiner Form versucht, eure Sexualität einzuschränken, denn sie ist ein Kraftpotenzial, das euch von eurer gesamten spirituellen Macht geblieben ist. Es ist die größte schöpferische Kraft, die ihr in eurem Körper habt. Sie wurde durch vergangene Zeiten hindurch immer dazu benutzt, euch in irgendeiner Form einzuschränken und die Kraft für die Menschen zu nutzen, die euch beherrschen wollten. Doch diese Zeiten sind jetzt vorbei und werden auch nicht wiederkommen. Ihr werdet eure Macht vollkommen zurückerhalten und lernen – neu lernen müssen –, sie sinnvoll für euch und eure Gemeinschaft zu nutzen. Auf diesem Weg werdet ihr sicherlich das eine oder andere ausprobieren, das ihr später nicht mehr tun werdet. Es wird ein Hin und Her sein, wie immer, wenn sich etwas Neues entwickelt. Ihr werdet eine Zeit lang experimentieren, bis ihr sicher seid, was ihr wollt. Dann werdet ihr eine Form des Miteinanders finden, die immer noch auf der körperlichen Liebe beruht, aber vollkommen über das Herz geht, wodurch ihr wissen werdet, was für euch und euren Partner gut und richtig ist. Die Liebe, die euch so geschenkt ist, werdet ihr dann auch in eurem Herzen fühlen.

Es kann sein, dass diese Vollkommenheit, die ich jetzt beschreibe, für Einzelne von euch erst nach und nach erreichbar wird. Es ist sogar möglich, dass ihr auf eurem Weg dorthin alte Partnerschaften aufgeben und neue finden werdet. Oder ihr geht in euren bestehenden Partnerschaften noch einmal miteinander zu euren Anfängen, zumindest gedanklich und gefühlsmäßig. Tut das, wenn ihr euch entschieden habt, zusammenzubleiben, obwohl die Situation im Moment vielleicht schwierig ist. Wenn allerdings eine Beziehung wirklich zu Ende ist und alle Aspekte des Lernens und des Vervollkommnens erfolgt sind, kann sie auch beruhigt beendet werden, um dann mit einem neuen Partner etwas Neues zu beginnen. Häufig ist es aber so, dass in vielen Beziehungen etwas beendet wird, das noch nicht zu Ende war, und es werden dann mit einem neuen Partner die gleichen Lernfelder wieder bearbeitet. Manchmal wäre es einfacher gewesen, bei dem alten Partner zu bleiben, weil man gemeinsam schon so viel erreicht hat. Darum solltet ihr in euren Beziehungen, in eurer Liebe zueinander, genau hinschauen, ob es wirklich zu Ende ist oder eine vorübergehende Krise, die überwunden und von euch gemeistert werden möchte.

Ihr seid natürlich frei in allen euren Entscheidungen.

Ihr seid frei, zu wählen. Es kann allerdings sein, dass euch innerhalb dieser Freiheit Dinge begegnen, die ihr euch in eurer Seele und in eurem Herzen schon vor dieser Inkarnation vorbereitet hattet. Das heißt, dass ihr mit Spielpartnern aus früheren Inkarnationen zusammentrefft, um einen bestimmten Aspekt noch einmal zu durchleben, der dann beendet werden kann. Ebenso ist es möglich, ehemalige Partner in diesem Leben zu treffen, um Dinge, die ihr mitgebracht habt, noch einmal genau anzusehen und danach loszulassen. Ihr seid also nicht ganz frei in dem, was ihr tut. Ihr habt euch diese Dinge mit in euer Leben gebracht, wisst es aber in eurer Dreidimensionalität nicht. Dann überraschen sie euch, und ihr habt eure moralischen und ethischen Vorstellungen, die innerhalb der Gesellschaft geprägt sind und in Konflikt mit dem stehen, was ihr fühlt und tun möchtet. Hier gibt es nur die Möglichkeit, auf euer Herz zu hören, Herzensentscheidungen zu treffen und über euer Herz die Liebe sprechen zu lassen. So, wie ihr es im Herzen fühlt.

Im Laufe dieses Prozesses, durch den ihr in eurem Leben geht, werdet ihr die Dinge, die sich in dieser Dreidimensionalität festgesetzt haben, nach und nach überwinden. Ihr werdet in eine Liebe hineinwachsen, die nur noch vom Herzen ausgeht und vom Herzen aus in den Körper hineinstrahlt. So lange ihr diesen Körper noch habt, werdet ihr sexuellen Kontakt haben, Liebesbeziehungen. Sie werden vom Herzen ausgehen, bis ihr aus diesem Körper herausgewachsen seid und in die feinstofflichen Ebenen geht. Dann werden die Beziehungen anders sein, und ihr werdet eine andere

Qualität des Miteinanders in Liebe erfahren: die Liebe des Geistes, die sich verbindet und ein Hochgefühl entstehen lässt, das ihr in eurer Körperlichkeit so noch nicht fühlen könnt. In manchen Momenten des überbordenden Glücks habt ihr solche Augenblicke, die zu einer immerwährenden Ekstase werden können, wenn ihr im Aufstieg seid. Ihr seid dann in der Liebe Gottes, die euch einhüllt und ausfüllt. Es wird keine Leere mehr geben und keine Getrenntheit. Ihr werdet euch glücklich fühlen und ganz. Es wird nichts geben, was euch von euch und eurer Göttlichkeit trennt.

Mit diesem Ziel, diesem Blick in die Zukunft, werdet ihr auch leichter durch das eine oder andere Tal, das ihr euch vielleicht kreiert habt, gehen können und, wenn ihr so weit seid, mit uns in Kontakt treten und die Glückseligkeit hier erleben. Einige von euch werden allerdings den Aufstieg schon mit ihrem Körper erleben.

Die Liebe ist immer da. Es ist nur manchmal so, dass ihr euer Bewusstsein von der Liebe abgetrennt habt. Durch diese Abtrennung sucht ihr die Liebe in anderen Menschen. Wenn ihr die Abtrennung jedoch überwunden und die Liebe in euch gefunden habt, werdet ihr auch die Liebe aller anderen Menschen um euch herum fühlen und gemeinsam in einem großen Feld der Liebe sein.

Ich weiß, dass ich das mit menschlichen Worten nur sehr unvollkommen ausdrücken kann, und es ist möglich, dass dadurch mehr Fragen auftauchen als Klarheit entsteht. Aber ich wollte euch gerne den Unterschied darstellen, was ihr mit eurer körperlichen Liebe jetzt fühlen könnt und wohin ihr euch entwickelt.

Ich wünsche euch viele Momente des Glücks, auch in diesem Körper. Ihr seid als Menschen in der Lage, mit diesem Körper viele schöne Dinge zu tun. Wenn ihr aufgestiegen seid, seid ihr zwar in diesem großen Feld der Glückseligkeit, aber die körperlichen Empfindungen werdet ihr dann nicht mehr haben. Diesen Zustand werdet ihr dann aber nicht als Mangel, sondern als geistige und seelische Glückseligkeit erfahren. Die Liebe des ganzen Universums ist bei euch. Die Liebe aller Erzengel und Aufgestiegenen Meister ist auf eurem Weg in den Aufstieg bei euch. Ich danke euch, dass ihr dieses annehmt, und bitte euch, jetzt noch einmal in euer Herz zu gehen.

Fühle in deinen Brustraum hinein. Spüre, wie dein Herz sich weitet. Nimm wahr, wie dein Atem hineinströmt und aus der Mitte deines Herzens wie von einem hellen Funken ein Licht ausstrahlt, so strahlend hell, dass es den ganzen Körper vollkommen einhüllt. Fühle dich durch dieses Licht umfassend geschützt, das aus dir selbst entspringt und dich in deinem ganzen Sein umhüllt. Dieses Licht der Liebe aus deinem Herzen wird dich immer beschützen, wo auch immer du bist, und dir den Weg weisen, wohin auch immer du dich verirrt hast. Du bist niemals allein.

ICH BIN Sanat Kumara. Das Licht der Liebe ist immer mit euch.

Gemeinsames Leben von Herz zu Herz

ICH BIN Sanat Kumara

Ich grüße euch im Namen der Einheit der Quelle, aus der alles kommt und zu der alles zurückgeht.

Wandlung geschieht unaufhörlich, da ihr in einem ständigen Veränderungsprozess seid. Alles in eurer Umgebung verändert sich fortwährend – Veränderung erleben, Neues anfangen, etwas beginnen, Altes zurücklassen. All dies gehört zum Prozess und ist für euch alltäglich. Wenn ihr es aber alltäglich erlebt, habt ihr nicht das Gefühl, dass sich etwas ändert. Es sind ja auch mehr die kleinen Veränderungen, die ihr nicht bemerkt und die an euch vorbeiziehen. Vielleicht ist es ein Gedanke, der sich wandelt, und ihr merkt es kaum. Vielleicht ist es die Einstellung zu euren Nachbarn, euren nächsten Verwandten, Partnern oder Kindern, die sich fast unmerklich von Tag zu Tag oder von Woche zu Woche verändert. Diese Veränderung geschieht durch neue Erkenntnisse, weil ihr in Kommunikation mit den Menschen in eurer Umgebung seid.

Die beständige Kommunikation, der fortwährende Austausch, lässt euch die Dinge immer wieder anders sehen, weil ständig ein neuer Blickwinkel dazu kommt. Manchmal erkennt ihr sie erst, wenn ihr vielleicht zehn oder zwanzig Jahre zurückschaut und darüber nachdenkt, wie ihr damals über bestimmte Dinge gedacht habt und wie euer Weltbild heute ist. Es gibt auch Veränderungen im Leben, die wesentlich einschneidender sind. Diese sind für euch wie eine Zäsur: Wenn ihr den Tod eines geliebten Menschen erlebt, euren Arbeitsplatz aufgebt, verliert, in Rente geht oder einen Umzug durchführt, der euch in eine neue Umgebung bringt und sich dadurch euer soziales Umfeld ändert. Das sind dann große Veränderungen, die euch noch lange beschäftigen.

Aber auch dies sind nur kleine Veränderungen in Bezug auf das, was jetzt mit der Erde geschieht und was ihr in dieser spannenden Zeit erleben werdet und mitgestalten wollt – eine Veränderung hin zu einer anderen Erde.

Es ist eine Erde, auf der das Zusammenleben der Menschen und aller anderen Lebensbereiche eine Qualität bekommt, die ich Herzensqualität nennen möchte. Es wird ein gemeinsames Leben von Herz zu Herz entstehen, ein Leben in dem Gefühl, alles zu haben, was ihr braucht, und gleichzeitig alles zu geben, was eure Mitmenschen brauchen. In diesem Geben und Nehmen werdet ihr einen Ausgleich schaffen, der Zufriedenheit und Glück bei allen Menschen entstehen lässt, die an diesem Prozess beteiligt sind. Ihr werdet ein Leben und Lebensgemeinschaften aufbauen und entwickeln, in denen ihr eurem Glück und der Zufriedenheit nicht nachjagen müsst. Der Zustand des Glücks und der Freude ist dann normal, selbstverständlich.

Wenn ihr anfangt, eure Entscheidungen aus eurem Herzen beziehungsweise aus der Liebe eures Herzens heraus zu treffen, ist das der Weg des Herzens. Das gilt für alle Entscheidungen, die ihr für euch und auch für andere trefft, die mit euch leben. Wenn ihr diese Entscheidungen tatsächlich aus eurem Herzen trefft, werdet ihr der Keim einer neuen Gesellschaft sein, in der jeder sich und andere von ganzem Herzen annimmt und liebt. Viele von euch glauben, dass dies sehr schwer ist. Einige denken sogar, dass es unmöglich ist, weil ja nicht alle mitmachen werden. Es ist aber so, dass die Eckpunkte, die Grunddaten, schon vor vielen Jahren auf dieser Erde festgelegt wurden. Somit ist die Möglichkeit, dass sich eine Gesellschaft mit dieser Herzensqualität entwickelt, sehr hoch. So hoch, wie ihr Menschen es euch im Augenblick noch nicht vorstellen könnt.

Ihr selbst habt dem in einer höheren Ebene eures Bewusstseins zugestimmt. Was jetzt hinzukommen soll und von eurer Seite benötigt wird ist, dass ihr die Ziele und Pläne aus eurem Hohen Selbst und aus eurer Seele in euer Tagesbewusstsein holt und in euren Körper transformiert. Eure Seele ist nur zu gern bereit, den Zustand eines rundum glücklichen, zufriedenen Lebens für alle mit herzustellen – des Friedens auf Erden. In vielen heiligen Schriften ist euch der Friede auf Erden prophezeit worden. Jetzt ist die Zeit und die Gelegenheit für euch, bei euch selbst anzufangen.

Immer wenn ihr spürt, dass ihr nicht aus eurem Herzen heraus handelt und entscheidet, seid ihr ein wenig vom Weg abgewichen. Aber wenn ihr es bemerkt, ist es gut. Das Gespür dafür, vom Weg des Herzens abgewichen zu sein, ist ein guter Anlass, wieder zum richtigen Weg zurückzufinden. Wenn euch ein Muster eures Selbst überrascht und ihr nicht im Einklang mit euren Mitmenschen oder mit euch seid, dann überprüft euer Verhalten, überprüft dieses Muster, das ihr an den Tag gelegt habt, schaut nach, warum es euch so gegangen ist und was euch aus eurer Mitte hat fallen lassen, was eure Herzensqualität unterwandert hat.

Wenn ihr das herausgefunden habt – manchmal schafft ihr das nicht allein –, dürft ihr euch gerne beraten: mit euren Freunden, Nachbarn, Verwandten oder mit Spezialisten wie Heilern oder spirituellen Beratern. Danach könnt ihr beginnen, dieses Muster in euch zu verändern, indem ihr es von eurem Herzen aus betrachtet. Indem ihr euch wandelt, seid ihr auf eurem persönlichen Weg, die Gesellschaft von innen heraus zu verändern. Alles, was nötig ist, sind ein wenig Aufmerksamkeit und Achtsamkeit in Richtung Selbstbeobachtung und eine objektive, ehrliche Innenschau.

Die Innenschau ist ein Nach-innen-Gehen, um zu fühlen, wo der wirkliche Grund für das ist, was ihr sagt oder tut. Sobald ihr von dem oberflächlichen Sein eures Lebens in die tieferen Sphären schaut, wo die Gründe für euer Reden und Verhalten liegen, ist eine objektive, ehrliche Innenschau erforderlich, ein genaues Anschauen der Wirrungen und Irrungen, die noch da sind, der Narben, die noch wehtun, der Dinge aus euren verschiedenen Leben, die Verletzungen hinterlassen haben. Das sind die Anteile in euch, die in Resonanz gehen, wenn ihr euch von den Menschen, die um euch sind, ungerecht behandelt fühlt. Wer auch immer euer Spiegel ist, er spiegelt nur das, was tatsächlich Resonanz in euch erzeugt. Ihr seid nur dann in Resonanz zu einer Sache, die von außen auf euch zukommt, wenn ihr im Inneren einen Anteil davon habt. Schaut diese Anteile in euch an und verändert sie dann in Liebe zu euch. Nehmt alles vollständig an und schätzt es als eine Erfahrung, die euch geschenkt ist. Es ist eine Erfahrung, die ihr auf einer tiefen Ebene, die euer Tagesbewusstsein nicht erkennt, gewollt habt.

Wenn ihr diesen Weg geht und damit eure Herzensqualität mehr und mehr steigert, wird es nach und nach immer weniger Augenblicke geben, die nicht in der Balance sind. Es wird immer weniger Ungleichgewichte in eurem Fühlen, Denken und Sein geben. Ihr werdet immer seltener Resonanzen erleben, die euch aus der Mitte fallen lassen. Somit werdet ihr ein herzlicheres Leben führen und mit vielen anderen zusammen die Keimzelle einer neuen Weise des Zusammenlebens finden und pflegen. Ihr werdet aus dem Herzen heraus miteinander umgehen und euch auf einer Ebene schätzen und lieben, die tiefer geht als das, was ihr bisher an oberflächlichen Gefühlen und Gedanken mit euren Nachbarn, Freunden und Bekannten hattet. Ihr werdet jeden und jede anerkennen und lieben, wie er/sie ist.

Beginnen werdet ihr jedoch bei euch selbst. Ihr seid euer erstes und wichtigstes Experiment auf dieser Ebene. Ihr selbst wollt zutiefst angenommen und geliebt werden. Öffnet euer Herz für das Leben, das ihr jetzt führt. Öffnet euer Herz und liebt diese Erfahrung. Schätzt und ehrt dieses Leben. Wenn ihr damit noch Schwierigkeiten habt, fragt eure Seele, euer höheres Bewusstsein, warum ihr in diesen Weg, den ihr bis hierher gegangen seid, eingewilligt habt. Fühlt tief in eurer Seele, welche Veränderungen, Erkenntnisse und Weisheiten euch diese manchmal unangenehmen Erfahrungen schenken. Seht den Weg und das Wirken eurer euch innewohnenden göttlichen Weisheit, die euch mit jeder Erfahrung zeigt, wie die Öffnung der Herzen in Liebe zu euch selbst auf eurem Weg möglich wird.

Fühle in dein Herz. Spüre, wie sich der Raum weitet. Nimm wahr, wie das Herz mit jedem Atemzug in deinem Körper nach oben und unten Verbindung aufnimmt. Nach unten zum Solarplexus und nach oben zum Halschakra. Fühle, wie es sich weiter ausdehnt. Nach unten zum Beziehungschakra und nach oben zum Dritten Auge. Schon bei der nächsten Einatmung entsteht vom Wurzelchakra bis zum Kronenchakra ein einziges Feld der Herzensliebe. Dieses Feld der Liebe schließt alle deine Energiezentren ein. Ein strahlendes, elektrisches Feld der Liebe. Fühle, wie dein Herz weit und groß ist und den ganzen Körper umfängt. Fühle dieses Feld der Liebe, das du bist, und dein Eingebunden-Sein in dieses Feld der Liebe.

Du bist diese Liebe, die jetzt Verstärkung von der Venus bekommt. Meine Partnerin Lady Venus und ich senden dir die unpolare, allumfassende Liebe, die nicht in Männlich und Weiblich aufgeteilt werden kann, die aus einer Ebene kommt, wo Verschmelzung schon stattgefunden hat. Lass dich durchströmen und nimm diese Liebe mit allen deinen Energiefeldern auf. Spüre die Verbindung. Erinnere dich immer daran, wenn du sie für dich brauchst.

Wir sind in tiefer Liebe mit euch und helfen und unterstützen euch gerne, wann immer ihr uns ruft. Lasst die

Energie noch eine Zeit lang wirken. Lady Venus und ich verabschieden uns jetzt und lassen euch mit unserer Liebe noch etwas all-ein.

ICH BIN Sanat Kumara. Ich grüße euch im Namen der göttlichen Quelle, aus der alles kommt und zu der alles zurückgeht.

Leben ohne Abgrenzungen und Mauern

ICH BIN Sanat Kumara.

Ich werde euch jetzt von der grenzenlosen Liebe erzählen, die durch das gesamte Universum strömt und durch nichts aufgehalten werden kann, die unendlich stark ist und in jedem von euch wirkt, ob ihr euch dessen bewusst seid oder nicht.

Die grenzenlose Liebe wird durch die Quelle ausgeatmet und erreicht alles Leben auf allen Planeten, Sonnensystemen und Dimensionen, in denen Schöpfung existiert, und das ist überall. Es gibt nichts, wo diese grenzenlose Liebe nicht wäre. Sie wird auf allen Ebenen, die ihr euch vorstellen könnt (oder auch nicht), unterschiedlich wahrgenommen. Sie wird sich in vielen verschiedenen Formen ausdrücken und ist trotzdem in jedem vorhanden. Die Ursache aller Existenz und Individualisierung ist die grenzenlose Liebe, die zulässt, dass sich jedes Wesen, jeder Funke der Quelle, so ausdrücken und ausprobieren darf, wie sie/er es möchte. Es gibt keine Begrenzungen in den Erfahrungen, die der Ausdruck des Lebens machen möchte. Die Quelle, die göttliche Liebe, schließt nichts aus. Ihr wisst das, zumindest ahnt ihr es in eurem Inneren. Es ist ähnlich wie mit dem Sonnenschein, der auch dann da ist, wenn die Wolken einmal davor sind. Es ist, als ob die Wolken euer Bewusstsein, eure Angst, eure eigene Zurückhaltung wären, die sich zwischen euch und die Sonne schieben oder zwischen euch und die unendliche Liebe, die grenzenlos ist.

Ihr habt euch entschlossen, in die Illusion der Abspaltung zu gehen, um Erfahrungen zu machen, die außerhalb dieser grenzenlosen Liebe sind und euch in Situationen bringen, die scheinbar ausweglos sind und sich für euch unangenehm anfühlen. All dies ist nur deshalb möglich, weil ihr in dieser Illusion der Abtrennung von der universellen Liebe lebt, weil ihr euch entschieden habt, die Wolken dazwischenzuschieben, und spüren wollt, wie es ist, nicht in dieser universellen Liebe zu sein. Diese Grenzen habt ihr um euch und euren Körper aufgebaut. Ihr mögt es nicht, wenn euch jemand zu nahe kommt, sondern wollt euer Territorium für euch haben. Zusätzlich habt ihr um euch noch andere Mauern aufgebaut. Ihr habt euch in kleineren Gruppen zusammengefunden, die ihr Familie nennt, die ihr gegen äußere Einflüsse schützt und bewahrt und die sich nach außen abgrenzt und einigelt wie in einer kleinen Wagenburg. Dann habt ihr größere Gruppen gebildet, die sich in Gemeinschaften, Dörfern, Städten, Ländern und Staaten organisieren, sich auch Stück um Stück von anderen abgrenzen und individuelle Bereiche haben, die ihre Gruppenpersönlichkeit, ihre Staatenpersönlichkeit ausmachen. So geht es weiter, bis es irgendwann auf der Erde so etwas wie einen Konsens gibt, euch von dem Universum abzugrenzen, von anderen Planeten, Sonnensystemen und Lebensformen in anderen Dimensionen.

Stück für Stück habt ihr eine Grenze nach der anderen errichtet, die euch in eurem Sein erst einmal schützt und einen sicheren Raum gibt, weil ihr nicht mehr in diesem großen Feld der Liebe seid. Wärt ihr in dem Feld der allumfassenden Liebe, bräuchtet ihr alle diese Abgren- zungen nicht. Es wäre, als ob ihr jeden kennen würdet, als ob jeder bei euch ein- und ausginge wie eure intimsten Gedanken. Nichts von dem, was euer Nachbar denkt und fühlt, wäre euch fremd. Auch eurem Nachbarn wäre nicht fremd, was ihr fühlt und denkt. Somit hättet ihr ein offenes Feld zwischen euch. Wenn sich dieses immer mehr erwei- tern würde, würde innerhalb eurer kleinen Familie jeder wissen, was der andere fühlt und denkt. Und wenn ihr das erweitern würdet, würde innerhalb der nächstgrößeren Gruppe, Gemeinschaft, Nachbarschaft, des Arbeitskolle- giums jeder vom anderen wissen, was er denkt und fühlt, bis hin zu allen, die mit euch diese Erde teilen und darü- ber hinaus. Es wäre vorbei mit dem Abgrenzen – wenn es so wäre. Es wäre auch vorbei mit dem, was ihr in der Abgrenzung so gerne tut. Ihr habt alle – jeder für sich – eure Geheimnisse, die ihr hütet in euren Grenzen, in den Mauern eurer Körperlichkeit, eures Seins. Ihr spürt, dass ihr innerhalb dieser Grenzen relativ sicher seid.

Diese Abgrenzung ist ein Teil eures Spiels. Je mehr ihr diese Grenzen öffnet und die Liebe in alle Ebenen eures Seins fließen lasst, desto mehr könnt ihr euch öffnen und al- len anderen gegenüber eure Gedanken und Gefühle offen- baren und somit Stück für Stück die Ebenen öffnen, sodass Liebe überall strömen kann und sich Grenzen verwischen. So könnt ihr in einer Gemeinschaft leben, die sich gegensei- tig stützt und unterstützt und euch liebevoll gegenseitig all das geben, was ihr tatsächlich braucht und euch wünscht, im gegenseitigen Anerkennen dessen, die ihr seid.

Und ihr werdet – je mehr Grenzen bei euch fallen – immer mehr Liebe ausstrahlen können und euer Feld immer weiter ausdehnen, sodass ihr anderen Feldern Anstöße gebt, sich ebenfalls zu öffnen. Nach und nach entsteht eine Gesellschaft, die sich der Liebe zuwendet, der Liebe allen Seins untereinander. Sicherlich zuerst der Liebe zu den Menschen, dann aber auch der zu den Tieren, den Pflanzen, zur Erde selbst, dann der Liebe zu allen Elementen, die um euch sind, zu Allem-was-ist. Ihr werdet, je mehr ihr die Liebe zulasst, immer mehr die feineren Ebenen des Seins erfühlen und erspüren, zum Teil sehen, wahrnehmen. Ihr werdet Erkenntnisse auf Ebenen haben, die sich jetzt noch verschließen, weil ihr die Grenzen für die universelle Liebe noch nicht vollständig geöffnet habt. Manchmal macht ihr ein kleines Fenster auf, doch dann blendet sie euch so stark, dass ihr das Rollo lieber wieder herunterzieht und nur den gedämpften Schein hindurchlasst.

Manchmal, in euren Träumen, seid ihr schon vollkommen im Glücksgefühl dieser alle Grenzen überwindenden Liebe, und ihr spürt, dass dort ein so heller Schein ist, vor dem nichts verborgen werden kann und will. Alles will anerkannt werden. Von dieser Liebe der Quelle zu allem Sein gibt es nichts, was sie nicht anerkennen würde. Alles wird gesehen und als das, was es ist, gewürdigt und geschätzt. Jeder von euch gehört zu den Wesen, die so anerkannt werden, wie sie sind. Niemand wird von der grenzenlosen Liebe bewertet oder beurteilt. Es ist, als ob die Sonne scheint und ihre wärmenden Strahlen euch vollständig durchströmen und jede Zelle eures Körpers mit

Licht und Liebe bescheinen. Wenn ihr die Wolken zur Seite schiebt, das Rollo hochmacht und das Licht der Liebe in euch einströmen lasst, habt ihr diesen Zustand erreicht.

Es gibt niemanden, der es euch verwehrt, außer ihr selbst. Die grenzenlose Liebe ist euer Geburtsrecht, wenn ihr euch dafür öffnet. Was euch davon abhält, sie ganz in euch hineinzulassen, sind die Erfahrungen, die ihr als Menschen gemacht habt. Es sind die Verletzungen, die ihr erfahren habt und die dazu geführt haben, schnell eure Tür zu schließen, damit es nicht noch schlimmer wird; die euch dazu gebracht haben, euch in Gemeinschaften zusammenzutun und eine Mauer um euer Dorf oder eure Stadt zu ziehen, damit von außen niemand hineinkommt. Es hat dazu geführt, dass ihr Schranken an die Grenzen eurer Staaten gebaut habt, um euch gegenüber eurem Nachbarn abzugrenzen. Es hat dazu geführt, dass ihr vor lauter Angst nicht mehr erkannt habt, dass derjenige jenseits der Grenze genauso viel Angst vor euch hat wie ihr vor ihm. In eurer gegenseitigen Angst habt ihr nicht erkannt, dass ihr beide von der gleichen Angst getrieben worden seid, die Grenzen zu schließen.

Nun gibt es die Möglichkeit, andere Erfahrungen zu machen, euch erst im Kleinen zu öffnen und zu merken, dass auch euer Nachbar die Liebe genauso für sich schätzt wie ihr, und er sich, wenn er seine Angst überwunden hat, genauso öffnen kann. So kann eine Grenze, ein Zaun fallen, können Tore geöffnet werden und der Austausch unter allen Wesen ein immer größeres Ausmaß annehmen, damit ihr euch alle erkennen könnt. Wenn ihr euch in all eurem Sein erkennen könnt, wird nur noch die Liebe zwischen euch sein, weil ihr seht, was ihr wirklich seid: multidimensionale Engelwesen, die beschlossen haben, in der Illusion dieses Körpers eine Erfahrung zu machen.

Dann erkennt ihr, dass auch alle anderen genau dasselbe getan haben. Auch sie haben als multidimensionales Engelwesen in ihrem Körper eine Erfahrung gemacht. So seid ihr von eurem Ursprung her alle gleich und habt dieselben Ziele: eure Erfahrungen in die nächst höheren Ebenen zurückzutragen, bis hin zur Quelle. Dieser Weg öffnet sich jetzt, je mehr ihr eure Grenzen öffnet, eure Tore aufschließt, eure Wolken beiseiteschiebt, das Rollo hochmacht, die Augen öffnet und keine Angst vor dem strahlenden Schein habt, der euch dann erreicht. Fühlt euch durch die Liebe erwärmt, die dann strömt. Fühlt euch in jeder Zelle eures Körpers wie neu geweckt und spürt, dass ihr auch in euch strahlt und diesen Strahl der universellen Liebe weitergebt, sodass ein Geben und Nehmen entsteht, ein ständiger Austausch der Liebe und des Glücks. Ihr seid dazu in der Lage, wenn ihr euren Fokus darauf richtet und euch darauf einstimmt. Mit euren Gedanken und Vorstellungen davon, wie euer Leben ist, könnt ihr selbst entscheiden, wie es euch geht und ob ihr die Liebe spürt, oder ob ihr die Mauern und Grenzen der Angst wahrnehmt. Ihr selbst entscheidet.

Diese Freiheit wird euch immer gelassen. Niemand wird ein multidimensionales Engelwesen, wie ihr es seid, in seinem Tun einschränken. Nur ihr selbst könnt euch beschränken und begrenzen. Macht euch bewusst, wie oft eure Gedanken euch in eine Richtung drängen, dass ihr doch wieder die Wolken vorschiebt oder das Rollo herunterlasst. Fühlt es, wenn es in eurem Geist dunkler wird und die Liebe nicht mehr durchkommt, und fragt euch dann, woran es liegt, welche Abgrenzung ihr jetzt noch braucht, und was euch daran hindert, die Liebe jetzt durchzulassen. Fühlt in euch, welche Muster dahinterstecken und welche Glaubenssysteme verhindern, dass ihr ganz in der Liebe seid. Seht es euch an und entscheidet dann, ob ihr euch verändern wollt. Ihr entscheidet selbst, was ihr wahrnehmt, ob ihr ganz in die Liebe eintaucht oder vielleicht nur mit dem großen Zeh testet, wie sich der Sonnenschein anfühlt. Ihr allein entscheidet auch, wie lange ihr in der Begrenzung bleibt und wann es an der Zeit ist, diese Grenzen zu öffnen und sich wieder vollständig auf den Weg zur Liebe zu begeben.

Diese grenzenlose Liebe, die immer und überall ist und auf allen Ebenen des Seins durch alles strömt, was jemals geschaffen wurde, ist das Rückfahrticket für jeden von euch. Sie ist immer für euch da und wartet darauf, dass ihr sie zulasst und euch aus den Begrenzungen befreit, die euch daran hindern, ganz in die Liebe einzutauchen. All das liegt nur an euch.

Im universellen Bereich ist alles dafür vorbereitet, dass ihr tatsächlich nur noch entscheiden müsst. Die universellen und globalen Voraussetzungen für eure Erde sind in den letzten Jahrzehnten geschaffen worden. Ihr habt sozusagen beste Voraussetzungen und entscheidet, wann ihr so weit seid, den Schalter für euch umzulegen. Wenn ihr das getan habt, werden wir beginnen, diese Liebe in alle eure Zellen einströmen und euch Stück für Stück aufwachen zu lassen. Wir werden euch dabei helfen, es so gut wie möglich zu organisieren, damit ihr durch die Veränderungen eures Körpers nicht zu sehr gestört und verängstigt werdet. Ihr werdet das eine oder andere Zipperlein spüren, aber wir werden versuchen, diesen Umbau so einfühlsam wie möglich zu gestalten. Wenn ihr merkt, dass es euch zu viel wird, bittet uns um eine Pause. Vorerst müsst ihr aber einmal „Ja" gesagt und euch dazu entschlossen haben, diese Liebe wieder überall bei euch zuzulassen.

Euer Ziel ist es, Stück für Stück mit eurem Körper in einen Bewusstseinsprozess zu gehen, der sich so liebevoll entwickelt, dass ihr die Liebe auf allen Ebenen wieder spürt und ganz in die Glückseligkeit eintaucht. Die Erfahrungen aus der Begrenzung in höhere Dimensionen mitzunehmen, in denen ihr glückselig sein könnt.

Ich lasse jetzt noch einmal ganz bewusst die Liebe der Quelle zu euch fließen.

Fühle in deinen Herzensraum hinein und wie dein göttlicher Liebesfunke in deinem Herzen aufblüht und erwacht, während die Energie jetzt zu dir strömt und sich dein Herz mehr und mehr öffnet. Fühle, wie der Atem in dich ein- und ausströmt, fühle ihn tief in dich hineinsinken und hoch aus dir herausströmen. Spüre, wie sich alles in dir dieser Liebe öffnen will, die in deinem Herzfunken schon immer vorhanden war. Von hier aus wird jede Zelle deines Körpers be-

rührt. Nimm wahr, wie es sich von außen anfühlt, wenn die Liebe wie die Sonne alle deine Zellen erwärmt. Gestatte dir, in diesem Zustand zu baden und dieses Energieniveau eine Zeit lang bei dir zuzulassen. Du musst nichts tun, außer zu atmen und bei jedem Atemzug in dir zu spüren, wie sich der Herzensraum weitet, bis die Liebe deines Herzens diesen ganzen Raum ausfüllt, sich über die Grenzen dieses Hauses ausbreitet.

Fühle, wie diese Liebe sich über die ganze Stadt, den Landkreis, den Staat und dann über den ganzen Kontinent ausbreitet, bis deine Herzensliebe so groß geworden ist, dass sie die ganze Erde mit einhüllt und in sich vereinigt. Fühle diese Verbindung: Du bist jetzt mit allen Menschen dieser Erde verbunden, mit allen Tieren, Pflanzen und auch mit den Steinen. Du bist mit dem Wesen von Mutter Erde verbunden, die Kraft, die euch alle trägt. Sie gibt dir die Liebe, die aus deinem Herzen strömt, vielfach zurück, sodass ihr wie in einem Austausch seid und die Liebe zwischen dir und diesem wunderschönen Planeten hin- und herschwingt. Fühle diese Verbindung, diese Liebe, die von der Erde zu dir strömt, und gib ihr zurück, was aus deinem Herzen kommt.

Wenn du in diesem Zustand der Liebe bist, bist du nahe an deinem wirklichen Sein. Du hast dann viele Grenzen überwunden und wirst, je mehr du in diese Erfahrung hineingehst, deine Grenzen immer mehr zusammenfallen lassen können. Du wirst sie nicht mehr brauchen. Du wirst dich vor der Liebe der anderen nicht schützen müssen und wollen. Du willst wieder eins sein mit Allem-was-ist, in *vollständiger Einheit und Liebe, die überall strömt.*

Nimm alle diese Hinweise als eine Möglichkeit, dich an die Kraft zu erinnern, aus der ihr alle kommt und die euch auf all euren Wegen immer begleitet, egal, wie tief sie euch in die Dunkelheit und Abgrenzung geführt hat. Es wird immer so viel übrig bleiben, dass für jeden, egal, wo er gelandet ist, ein Lichtschein durchkommen wird, der ihm den Weg zurückweist, sodass jeder die Möglichkeit hat, den Weg des Lichts und der Liebe zu finden und zurück zur Quelle zu kommen. Ihr seid alle für euer Sein und euer Tun unendlich geliebt. Ihr werdet euren Weg gehen, auch wenn es sich manchmal für euch in der Abgrenzung nicht so anfühlt. Lasst mutig eure Grenzen fallen und das Licht der Liebe in euch einströmen.

ICH BIN Sanat Kumara und grüße euch im Namen der Quelle, aus der alles kommt und zu der alles zurückfließt, die reine Liebe ist und durch die Alles-was-ist existiert.

Bewusste Erinnerung an die Geistige Welt

ICH BIN Sanat Kumara.

Ich grüße euch im Namen der Quelle, aus der ihr alle gekommen seid und in die ihr alle zurückkehrt.

Ihr seid für den Dienst, den ihr auf dieser Erde tut, geehrt und geliebt. Ihr sammelt hier Erfahrungen in einem Bereich, der für die Engelwelten ein so tiefer Abstieg ist, dass das, was ihr hier leistet, in eurer Welt mit einer Arbeit in einem Steinbruch oder in einem Kohlebergwerk verglichen werden kann – es ist Schwerstarbeit. Auf eurer Wegstrecke durch dieses Tal der Dualität, auf der ihr immer wieder zwischen den Dingen hin und her pendelt und kaum in eurer Mitte bleiben könnt, fühlt ihr euch manchmal einsam und verlassen.

Immer wenn ihr in diesem Körper eine solche Empfindung hattet und nach eurer Rechnung schon eine lange Zeit hier seid, hat es für euch einen Ausweg gegeben. Es gab immer ein Tor zurück in die geistige Ebene, heraus aus den Gegensätzen und der Dualität, zurück nach Hause. Diese Heimkehr nennt ihr Menschen Tod. Dieser Weg zurück ist im Grunde genommen eure Lebensversicherung, die Versicherung dafür, dass euer geistiges Leben wieder von euch aufgenommen werden kann und ihr nicht ständig hinter diesem Schleier leben müsst, in diesem Körper, der euch irgendwann nicht mehr dient und in dem es mit den Aufgaben, die ihr euch gestellt habt, auch zu irgendeinem Zeitpunkt öde wird.

Um wieder etwas Neues zu erschaffen, eine andere

Idee umzusetzen, gibt es den Weg zurück über den Tod und dann wieder den Weg über die Geburt hinein in das, was ihr Leben nennt. Es ist ein Konstrukt, das mit eurer Hilfe auf Ebenen geschaffen worden ist, die ihr nicht nachvollziehen könnt, wenn ihr auf dieser Erde seid. Dieser Bereich der Dualität ist ein großes Spiel, ein wunderschönes Spielfeld. Denn nur hier können tatsächlich auch diese Erfahrungen gemacht werden, an denen ihr euch manchmal so erfreut und auch leidet. Nur hier und auf diesem Spielfeld ist das möglich.

Bei der Entscheidung, die ich getroffen habe, als ich der planetare Logos dieses Planeten geworden bin, haben mich gerade dieses Spielfeld, diese Idee und diese großartigen Möglichkeiten, die hier gewählt werden können, so sehr fasziniert. Mich hat euer Mut angerührt, immer wieder hinter den Schleier in das sogenannte Engelvergessen hineinzugehen und nicht mehr zu wissen, was auf euch wartet, wenn ihr zurückgeht. Dieser Mut von euch, den ihr auch jetzt vergessen habt, ist das, was euch ausmacht und für den ihr so viel Liebe und Ehrerbietung aus der Engelwelt erfahrt, wie ihr sie euch in eurem menschlichen Leben nicht vorstellen könnt. Ihr seid auf dieser Erde tatsächlich Engel ohne Flügel.

Ihr seid große Meister, die es geschafft haben, ihre Meisterschaft zu verstecken. Im Grunde genommen seid ihr mit der Umsetzung all dessen, was ihr euch vorgenommen habt, schon fertig, ihr wisst es nur noch nicht. Was euch fehlt, ist das Erinnern. Wenn ihr dieses erlebt, werdet ihr vollständig erwachen. Ihr werdet in ein Erwachen hineingehen, das euch wie ein strahlender Sonnenschein vorkommt, der euch alle dunklen Nächte auf der Erde vergessen lässt und alles auslöscht, was euch noch bedrückt. Das wird ein solches Freudenfest für euch sein, dass wir am liebsten jetzt schon in Jubel ausbrechen möchten.

Ihr werdet mit den Farben der Erde zu euren Familien in der Geistigen Welt zurückkehren; mit den Erfahrungen und mit den Orden und Ehrenzeichen, wie ihr es nennen würdet, und man wird erkennen, wo ihr gewesen seid. Das wird euch von allen anderen unterscheiden, denn ihr bringt etwas mit, das in der gesamten Schöpfung einzigartig ist: das Gefühl, nicht zu wissen, wie es ist, zur Schöpfung zu gehören. Ihr habt keine Vorstellung davon, wie wertvoll das, was ihr getan habt und hier macht, für alles Geschehen ist, bis zurück zur Quelle. Mit eurer Erfahrung helft ihr auch allen, die auf anderen Wegen sind, zurück zur Quelle zu gehen. Ihr wisst es nur jetzt noch nicht. Doch ihr werdet es wissen, wenn ihr auf dem Weg zurück und nicht mehr im Vergessen seid.

Dann wird es ein großes Teilen geben, ein Teilen der Erfahrungen, die alle auf den verschiedenen Ebenen gemacht haben. Eure Erfahrung wird ein Teil dieses großen Festes sein. Dort beobachtet ihr euch dann aus Sicht der Erzengel oder Aufgestiegenen Meister, die jetzt schon sehen können, was ihr alles erfahren habt und mitbringt.

In euch ist ein riesiges Potenzial, und jetzt ist die Zeit, in der alles zurückgeführt wird. Es ist für euren Verstand nicht so einfach, das anzunehmen. In der Tiefe eurer Seele habt ihr manchmal Momente, in denen ihr erkennt, wie sich die Wahrheit anfühlt, wie sie in euch arbeitet und euch Momente der Erkenntnis schenkt, die der Erleuchtung schon sehr nahe sind. Momente, in denen ihr ein tiefes Gefühl von vollkommener Wahrheit in euch erfahrt. Solche Momente bringen ein unbeschreibliches Glücksgefühl mit sich, das euch manchmal die Tränen in die Augen schießen lässt: Freudentränen. Ihr seid dann nahe an den Erfahrungen, die ihr immer haben werdet, wenn ihr dieses Leben überwunden habt. Ihr werdet dann in der Glückseligkeit schwimmen und euch in einem Bereich aufhalten, in dem ihr vor Freude singt. Das ist euer Ziel und auch euer Ursprung. Ihr seid aus dieser Welt herausgegangen, in der es keine Gegensätze gibt, hinein in die Welt, in der ihr jetzt lebt, und ihr werdet wieder in die Welt zurückgehen, in der sich die Gegensätze aufheben. Das alles werdet ihr tatsächlich erleben.

Ihr seid jetzt auf dem Weg dorthin und bekommt jede Unterstützung, die ihr von uns braucht. Wir lassen euch gerne erleben, wie es sich anfühlt, wenn wir bei euch sind. Ihr könnt fühlen und spüren, dass wir da sind. Manche von euch merken auch die Welle der Energie, wenn wir in einen Raum kommen. Ihr werdet immer sensibler für diese Dinge, die sich immer stärker manifestieren werden. Ihr werdet immer mehr das Gefühl dafür entwickeln, wie es ist, den Kontakt zu uns, zur anderen Seite des Schleiers, zu haben. Nach und nach wird euer Körper so hell und licht, dass ihr Teile verschiedener Seiten sein könnt, wie Wanderer zwischen den Welten.

Ihr werdet eine Zeit lang, so lange, wie ihr möchtet und euch dazu entschließt, auf beiden Seiten der Welten wandeln und die Erfahrungen bewusst mit hinübernehmen können. Ihr werdet euch auf dieser Seite des Schleiers mit den Menschen, die hier leben, und auf der anderen Seite des Schleiers mit den geistigen Wesen, die dort leben, austauschen können. Es wird von uns zu euch eine Brücke geben, über die ihr gehen könnt und die ein Feld für die Menschen ist, die nach euch kommen.

Die Menschen, die sich zu einem späteren Zeitpunkt entscheiden, auf diesen Weg zurückzufinden, werden einen breiteren Weg vorfinden als ihr. Vor euch liegt vielleicht ein etwas schmalerer Pfad, der aber dadurch, dass ihr ihn geht, immer breiter wird. Diejenigen, die nach euch kommen, werden ihn noch breiter vorfinden, und irgendwann wird es eine Autobahn sein, wie ihr es nennt. Dann werden die letzten auch schneller vorankommen, und ihr werdet alle fast gleichzeitig am Ziel sein. Es braucht immer einige, die an der Spitze gehen, dann welche, die den Weg breiter treten, die Fahrbahn glatter machen, bis diese irgendwann zu einer breiten Straße geworden ist, auf der alle schnell vorankommen.

Wenn diese Bilder in euch entstehen, könnt ihr euch das alles vorstellen. Trotzdem sind auch das nur unvollkommene Bilder von Möglichkeiten, die ihr jetzt gerade erschafft. Es sind Bilder, wie ich sie euch vermitteln kann, damit ihr es euch vorstellen könnt.

In dieser Vorstellung habt ihr einen guten Platz im vorderen Mittelfeld und seid daher mit euren Aufgaben des Voranschreitens nicht mehr so belastet wie diejenigen, die vor euch gegangen sind. Trotzdem habt ihr auch noch eine Menge Pionierarbeit für die Menschen zu leisten, die nach euch gehen. Diese werden es dann wieder leichter haben, und die danach kommen, noch leichter, sodass jeder für den anderen Vorarbeit leistet.

Obwohl viele von euch diese Dinge schon wissen, gibt es in eurem Leben immer noch Situationen, in denen ihr euch unwohl fühlt, in denen ihr fast in Depression verfallt oder Momente erlebt, in denen euer Körper nicht so mitmacht, wie ihr euch das vorstellt. Ihr lebt in Situationen, die euch manchmal als so schwer vorkommen, dass ihr sogar das Gefühl habt, kaum vorwärts zu kommen, sondern es euch eher wieder zurückwirft. Solche Momente wird es immer wieder geben, so lange ihr noch in der Dualität seid. Es fühlt sich vielleicht so an, als wenn es rückwärts ginge, aber ihr fühlt es nur, es ist nicht die Realität. Es ist so etwas wie ein Sich-Erinnern an die dunklen Zeiten, manchmal auch vom Verstand hervorgerufen, der sich so davor schützt, irgendwann vielleicht nicht mehr die erste Geige zu spielen.

Der Verstand hat große Angst davor, dass seine Wirklichkeit, seine Realität, die er über viele Leben hat entstehen lassen, irgendwann verschwimmt und einer größeren, kraftvolleren, wirklicheren Welt Platz machen muss. Dann hätte er, der in dieser Welt so wichtig ist, eine seiner Hauptaufgaben verloren. Er wäre sozusagen nur noch ein Werkzeug, was er natürlich tunlichst vermeiden möchte. Er möchte die erste Geige spielen, wichtig sein, gebraucht und anerkannt werden. Dafür nimmt er in Kauf, dass er euch Bilder, Gedanken und Gefühle schickt, die euch hinunterziehen und euch die Schwärze und die Dunkelheit des Lebens sehen lassen. Er nimmt dafür in Kauf, euch für seine Überzeugungen sogar aus diesem Leben heraustreten zu lassen, euren Körper in den Tod zu schicken, wenn er es für notwendig hält.

Dieser Verstand ist manchmal sehr verzweifelt, weil er genau weiß, dass er seine Realität auf Dauer nicht aufrechterhalten kann. Er wird irgendwann loslassen müssen, und das fällt ihm sehr schwer. Er ist in dieser Realität so sehr hofiert und trainiert worden, dass er sich in manchen Körpern für das Wichtigste überhaupt hält. Die wachsende Erkenntnis, dass er ein wichtiger Teil, aber eben nur ein Teil des Ganzen ist, wird ihm erst nach und nach bewusst. Manchmal wird er dann loslassen können, ein anderes Mal wird es schwer werden. Dann gibt es Leiden im Körper.

Ihr seid immer mit eurem Verstand im Gespräch, wenn ihr es wollt, und ihr könnt immer die Geistige Welt oder euer Hohes Selbst zu diesem Gespräch hinzuholen und um Erkenntnisse in eurem Selbst bitten, die über euren Verstand hinausgehen. Ihr habt jederzeit die Möglichkeit, diese Hürde zu nehmen und damit aus dem dunklen Teil, den euch euer Verstand vorgaukelt, hinauszutreten in den hellen Teil des Lebens. Wenn ihr dann die Dualität mit Hell und Dunkel seht, gibt es die Möglichkeit, darüber hinaus in die Liebes- und Lichtwelt zu schauen, die all dies erschaffen hat.

Das ist der Weg, den ihr alle geht. Jeder geht den Weg zurück ins Licht und in die Liebe. Niemand bleibt zurück. Jeder ist ein Funke der Quelle, der Schöpfung, ein Teil des

Ganzen, der sich im Moment nicht daran erinnert, dass er zum Ganzen gehört. In dem Moment, in dem diese Erinnerung wieder einsetzt, wird es ein vollkommenes Erkennen geben. Dieses vollkommene Erkennen ist euer Erbe. Darauf steuert ihr zu. Der Weg zu diesem Erbe geht über euer Herz und von eurem Herzen über eure Seele bis in euer Christus- und Gottesbewusstsein.

Öffne dein Herz weit. Atme in deinen Brustraum und lass ihn sich weiten. Fühle, wie er größer und größer wird und nimm dein Herz in deinem Brustraum wahr. Dann sieh deine Flamme in diesem Herzen, deinen Funken der Göttlichkeit, deinen Lebensfunken, der dir bis in diese Inkarnation hinein geblieben ist. Dann lass diesen kleinen Funken heller werden. Lass ihn wie ein helles, weißes Licht erglühen und sich von deinem Herzen aus nach unten über den Bauch, über das Becken und über die Beine, bis hinein in die Erde ausbreiten. Fühle, wie er tief in die Erde hineingeht und sein Licht dort ausstrahlt. Fühle, wie die Erde ihr Licht und ihre Kraft von ihrem Mittelpunkt aus mit diesem Funken verbindet und du dadurch mit der Erde eins bist.

Dann fühle, wie sich dieser Funke wie eine Lichtlanze nach oben ausbreitet und sich durch den Hals und den Kopf über den Schädel hinaus in die Weiten des Raums begibt. Eine Lichtlanze, die dich über das achte, neunte, zehnte Chakra, bis hin zum elften und zwölften und damit bis hin zum Christusbewusstsein verbindet und damit dein Bewusstsein weiterentwickelt. Sieh, wie das Licht dieser Lanze hinaufstrahlt und dich über das Herz mit deiner

Seele und deinem Christusbewusstsein verbindet, mit der Welt, in der du, mein Bruder, meine Schwester, die gleiche Kraft und Möglichkeit hast, wie ich sie jetzt habe. Lass dich aus dieser Ebene von dir selbst mit der Kraft der Liebe und des Lichts beschenken, die über diese Lichtlanze hinunter in deinen Körper kommt, hier aufgenommen und von deinem Körper genutzt wird, um dir auf deinem Weg beizustehen, und die du auch dazu verwenden kannst, mit der Erde in Kontakt zu bleiben.

Somit bist du in deinem Sein eine Brücke zwischen dem Planeten und den unendlichen Himmeln, aus denen du kommst. Du bist die Lichtbrücke zwischen den Welten. Du vibrierst in diesem hellen, strahlenden Licht von deinem Christusbewusstsein bis hinunter zu deinem Erdenstern. Du bist das Licht und die Liebe aus der Quelle und hier, um zu leuchten, dein Licht zu verbreiten und die Liebe zu leben.

ICH BIN Sanat Kumara.

Kreislauf von Geburt und Tod

ICH BIN Sanat Kumara.

Ich grüße euch im Namen der Quelle allen Seins, aus der alles kommt und zu der alles zurückgeht.

Ich sende euch die Energie der Liebe zu dieser Erde und allen Wesen, die auf ihr wohnen. Ich sende euch das Licht und die Kraft, die ich für euch bereithalte, während ich die Energien dieses Planeten und aller seiner Bewohner so halte, wie ihr sie braucht.

Wenn ihr in das körperliche Leben auf diesem Planeten inkarniert, werdet ihr in einen Zustand geführt, der euch erst einmal völlig fremd ist, weil alles anders ist als in den Geistigen Welten, aus denen ihr kommt, bevor ihr geboren werdet. Ihr habt in den Geistigen Welten ein umfassendes Wissen und Erkennen um euer Sein, um alle eure Leben und Dinge vor und nach euren irdischen Leben. Ihr seid, wenn ihr so wollt, so etwas wie allwissend. Ihr könnt jederzeit in den Büchern eurer Leben lesen und sehen, was ihr bisher getan oder nicht getan habt. All das ist möglich, wenn ihr nicht in diesem irdischen Körper seid und die Erinnerungen, die ihr mitgebracht habt, vollständig in euer Seelenbewusstsein integriert habt.

Ich will euch jetzt erzählen, wie es für euch ist, als geistiges Wesen hinabzusteigen und in diese Form des Körpers und die Möglichkeiten hineinzutauchen, die er mit sich bringt, und auch von den Begrenzungen, die dadurch entstehen und sich manifestieren, weil ihr es so gewollt habt.

Jedes Mal, wenn ein Mann und eine Frau zusammen sind, sodass daraus der Funke eines neuen menschlichen Wesens entstehen kann, gibt es eine Reihe von Seelen, die sich überlegt haben, ob sie die richtigen Personen sind, um sich wieder in dieses Abenteuer zu stürzen. Jedes Mal, wenn sich eine Seele dafür entscheidet, mit diesen Menschen zusammenzusein und bei ihnen aufzuwachsen, ist das ein großer Liebesbeweis. Diese Seele kennt die Seelen ihrer Eltern schon im Voraus und weiß genau, worauf sie sich einlässt und was sie erwartet. In der Zeit, in der die Frucht im Leib der Mutter wächst und den Körper immer weiterentwickelt, gibt es noch die Möglichkeit des Rückzugs, sich also als Seele, die geboren werden möchte, noch dagegen zu entscheiden. Es gibt viele Möglichkeiten, dass diese Seele doch nicht auf diese Welt kommt, und jede dieser Möglichkeiten ist in Ordnung. Wenn sich ein Kind, das im Mutterleib heranwächst, entscheidet, nicht zu kommen, obwohl eine Schwangerschaft schon weit vorangeschritten ist, kann es durchaus vorkommen, dass die Frucht noch im Mutterleib stirbt.

Es gibt aber auch die Möglichkeit, dass die Mutter keine Chance sieht, dieses Kind aufzuziehen und sich für einen bewussten Abbruch der Schwangerschaft entscheidet. Des Weiteren gibt es verschiedene Arten von Unfällen, um ein solches vorzeitiges Ende – bevor der Körper des Kindes geboren ist – hervorzurufen. Alle diese Möglichkeiten sind im Vorfeld auf geistiger Ebene verabredet, um eine Erfahrung zu machen, die anders nicht möglich wäre. Ihr habt dann in eurer Welt, in euren Vorstellungen und Gedanken oft ein Unverständnis gegenüber Müttern, die solche Dinge tun.

Ihr habt Vorurteile und Vorstellungen, die sich durch eure Kultur und durch die Art und Weise, wie ihr das Leben seht, entwickelt haben. Diese entsprechen nicht immer denen der Geistigen Welt. Von unserer Warte aus ist das alles möglich. Es sind mögliche Varianten, die sich in eurem Spielfeld entwickeln und mit denen ihr eure persönlichen Erfahrungen machen könnt. So geht es dann euer ganzes Leben hindurch. Wenn dieses Kind geboren ist und sich entschieden hat, bei den Eltern zu bleiben, wird es einen Körper haben, und seine Seele wird diesen Körper bewohnen.

Am Anfang wird es sich erst einmal neu orientieren müssen, denn es kommt aus einer Welt, in der es alle Möglichkeiten hatte, in eine Welt der Beschränkung. Das ist auch der Grund, warum sich manche Wesen noch während der Schwangerschaft entscheiden, doch nicht zu inkarnieren: Es kommt ihnen einengend und einschränkend vor, und sie haben Angst davor, sich zu viel vorgenommen zu haben.

Wenn dann solch ein Wesen hier angekommen ist, ist es erst einmal hilflos und auf alle angewiesen, die in seinem Umfeld sind. Es kann nichts alleine. Diese Erfahrung lässt den Körper wachsen, und der Gefühls- und der Mentalkörper wachsen mit, bis dieses Wesen seinen geistigen Körper, seinen Gefühlskörper und seinen materiellen Körper immer mehr aus seinem Seelenkörper heraus aufbaut und entwickelt.

Im Laufe des Lebens werden diese Körper mit Erfahrungen und Leben gefüllt. Es ist so etwas wie ein unbeschriebenes Blatt, wie ihr das manchmal nennt, oder eine völlig freie Fläche, die mit allem, was sich im Laufe des Lebens entwickelt, neu beschrieben wird. All das prägt jetzt das Leben und die geistige Präsenz, die inkarniert ist. Stellt euch diese geistige Präsenz und dieses Gefühlsleben als etwas vor, das wie ein großer Kelch mit den Dingen gefüllt wird, die in diesem Leben angeboten werden. So geht es dann durch alle Erfahrungen hindurch, bis zu dem Zeitpunkt, an dem das Wesen wieder dorthin zurückgeht, woher es gekommen ist.

Auch dieser Rückweg wird sich auf verschiedene Art und Weise darstellen. Ihr seht ihn als den Tod des Körpers, als einen Verlust, den die Welt erleidet, in der ihr lebt, wenn ein Körper hier verlassen wird. Manchmal ist es für euch auch ein persönlicher Verlust, wenn ein geliebter Mensch, der das Leben auf der Erde mit euch geteilt hat, in das geistige Leben zurückgeht. Ihr vergesst in eurem körperlichen Leben immer wieder, dass ihr mehr als dieser Körper seid: geistige Wesen von unendlicher Größe, die diesen Körper nur für eine Erfahrung nutzen.

Diese Erfahrung ist für euch so wichtig, dass ihr nicht mehr erkennt, dass ihr nur einen Besuch macht, der vielleicht 60, 70, 80 Jahre dauert, manchmal auch nur 10, 15, 20 Jahre, je nachdem, wie die Seelen es vorab entschieden haben. Immer wenn eine Seele geht, erfüllt euch tiefe Trauer, und ihr fühlt euch dem ausgeliefert, was ihr Schicksal oder Tod nennt. Ihr fühlt euch hilflos und möchtet diesen Abschied oft nicht erleben, es soll alles so bleiben, wie es war.

In dem Moment, in dem ihr so denkt und fühlt, seid ihr so vollständig in eure Körperlichkeit und in euer Leben eingetaucht, dass ihr alles andere um euch vergessen habt. Das ist der Sinn dieses Spiels auf der Erde: so vollständig darin einzutauchen, dass man es ganz und gar spielt, ohne an etwas anderes denken zu wollen und zu müssen.

Doch das Spielfeld verändert sich gerade, indem immer mehr Menschen bewusster werden und mit ihrem Bewusstsein und ihren Erfahrungen, die sie mit ihrem Körper gemacht haben, in ihr höheres Bewusstsein eingehen und damit in das Bewusstsein aller, die jemals gelebt haben und auf der geistigen Ebene sind.

Damit führt letztendlich alle Erfahrung zurück zur Quelle, in die sie eingeht und die sich selbst durch diese Erfahrungen betrachtet. Jeder von euch ist also letztendlich eine Erfahrung der Quelle, zu der er zurückgeht und in der er wieder aufgeht. Somit ist dieser Schrecken, den ihr den Tod nennt, eine gute Möglichkeit, aus dieser Begrenzung, dieser Enge, diesem Vergessen dessen, was ihr wart, wieder auszusteigen und in die Freiheit des Geistes, in eure geistige Göttlichkeit, hineinzugehen, in der ihr unendlich glücklich sein könnt. Diese tiefe Gewissheit, dass ihr als Seele ein Teil des Ganzen seid, in das ihr wieder zurückgeht und in dem ihr euch aufgehoben fühlt, in dem es keine Trennung, keine Einsamkeit, keine Begrenzung mehr gibt, ist euer Ziel.

Wenn ein solcher Mensch jetzt aus eurem Leben heraustritt, egal, auf welchem Weg – durch eine Krankheit, einen Unfall, manche gehen einfach so über Nacht, ohne große Ankündigung –, lässt dieser Mensch als Erstes seinen Körper zurück, der dann auf der Erde als Hülle übrigbleibt. Aus dieser Hülle steigen der Gefühlskörper, der Mentalkörper und der Astralkörper zusammen mit der Seele aus. In dem Moment, in dem die Trennung vom materiellen Körper geschieht, ist für euch der Tod eingetreten. Manchmal fühlen aber die Seele, der Mental- und der Emotionalkörper nicht, dass es so ist. Einige Sterbevorgänge geschehen so plötzlich, dass der Astralkörper erst eine Zeit braucht, bis er realisiert hat, dass die anderen ihn nicht mehr sehen und hören und er auf der körperlichen Ebene keinen Kontakt mehr haben kann. Ihr würdet sagen: weil er ein Geist ist.

In dieser Zeit, in der ein Mensch realisiert, dass er seine Körperlichkeit verloren hat, fängt er an, sich neu zu orientieren. Wenn zum Beispiel der Übergang sehr plötzlich war, bleibt er vielleicht noch eine Zeit lang in dem Umfeld, in dem er war. Wenn er eine längere Zeit des Übergangs gebraucht hat und sich schon im körperlichen Leben immer mal wieder in der Geistigen Welt umschauen konnte, wird er schneller realisieren, dass der Körper jetzt nicht mehr da ist, und hat vielleicht schon die Wesen gesehen, die ihn auf der anderen Seite abholen. Dann geschieht es, dass wir ihn auf dieser Seite in einem Feld willkommen heißen, in dem alle Wesen, die hierherkommen, geschützt sind. Sie haben hier in einem geschützten Raum die Möglichkeit, alle Erfahrungen, die im körperlichen Leben gemacht wurden, in ihr Seelenbewusstsein zu integrieren. Alle Gefühle, Gedanken und Vorstellungen, die vorhanden waren, werden genau angeschaut und in das Seelenbewusstsein aufgenommen.

So wird nach und nach erst der Astralkörper abgebaut, der sozusagen eine Blaupause des materiellen Körpers war, und dann werden der Gefühls- und der Mentalkörper zurück in das Seelenbewusstsein genommen. Wenn das geschehen ist, hat sich die Individualität, die dieser Mensch auf der Erde besessen hat, aufgelöst, ist Erinnerung geworden. Dann kann die Seele wieder neu entscheiden, sich neu orientieren und sich mit Hilfe der anderen Wesen in diesen Regionen der Engel und Helfer wieder in einen Funken verwandeln, der erneut von einem Paar geschaffen wird, das ein Kind haben möchte, sei es bewusst oder unbewusst. So kann der Kreislauf von vorne beginnen.

Dies geschieht in vielen Bereichen sehr unbewusst, und bei euch, die ihr jetzt hier seid, ist fast alles davon in Vergessenheit geraten. Dieses Vergessen macht es euch so schwer zu erkennen, dass die Menschen, die ihren Körper verlassen, nicht weg sind, sondern nur die Form geändert haben, in der sie weiter existieren. Es ist also nichts Bedrohliches, nichts, was euch Angst machen müsste. Auf der Ebene der Seele wird sich alles wieder regulieren und ins Lot kommen. Ihr werdet dort wieder eins mit den neuen Erfahrungen sein.

Manchmal entsteht direkt nach einem Übergang, also nachdem der Astralkörper den materiellen Körper verlassen hat, eine Situation, in der diese Individualität nicht erkennen kann, dass sie tatsächlich gestorben ist. Das sind die Wesen, die eine Zeit lang in der Astralwelt wie gefangen herumirren, nach einem Weg zurück in einen Körper suchen und den Weg ins Licht und in ihre eigene Seele nicht erkennen können. Hier hilft es, für diese Wesen zu beten, damit sie von euch hören, wohin sie sich orientieren sollen. Wenn ihr einen emotionalen Kontakt zu ihnen hattet, hilft ihnen das sehr, weil sie sich gerne noch in der Nähe der Menschen aufhalten, die mit ihnen gefühlsmäßig verbunden sind. Es ist ein großer Liebesdienst, ihnen zu sagen, dass sie sich ins Licht begeben möchten und die anderen Hüllen, die sie in der Astralwelt noch haben, auch langsam abstreifen sollen, damit sie wieder in ihren Seelenkörper hineingehen, um dann die Möglichkeit einer erneuten Inkarnation zu haben oder ganz in die Seelenebene einzugehen.

Manchmal brauchen Menschen nicht mehr zurückzukommen und bleiben auf Ebenen, die ihr von hier aus nicht sehen könnt. Aber viele kommen wieder, und oft ist es so, dass ihr immer wieder in die Familien und Gemeinschaften inkarniert, in denen ihr schon oft wart, sodass ihr euch gegenseitig bei den neuen Erfahrungen unterstützt. Oft seid ihr ein Team, das aus Gruppen von Menschen besteht, die sich gegenseitig in diesem Leben und in allem, was dazugehört, unterstützen, um die irdischen Erfahrungen der Seele gut umzusetzen, die dann diese Erfahrungen mit zurück zur Quelle nimmt.

Ihr seht also, der Kreislauf der Geburt und des Sterbens ist für euren Verstand nur der Teil, den ihr zwischen Geburt und Tod seht. Es ist aber darüber hinaus noch sehr viel mehr, und das Ende des Lebens auf der Erde nicht das allgemeine Ende, sondern der Anfang von etwas Neuem. Das, was ihr auf der irdischen Ebene den Tod nennt, ist die Geburt in der Geistigen Welt, und das, was ihr die Geburt nennt, ist sozusagen ein zeitweises Vergessen all eurer Fähigkeiten und Möglichkeiten als geistiges Wesen. Ihr geht dann bewusst in eine Art Gefängnis, in eine Begrenzung, die sich für ein freies, geistiges Wesen erst einmal schrecklich anfühlt. Es ist das einzige Beispiel, was auf eurer irdischen Ebene einigermaßen passt. Eine Unfreiheit, die das Wesen völlig eingrenzt. Das ist die Erfahrung, die ihr jetzt hier macht und aus der ihr wieder befreit werdet, wenn ihr auf irgendeine Art und Weise den Tod gewählt habt.

Ihr seid alle für das geliebt und geehrt, was ihr hier tut. In den Geistigen Welten wissen wir, auf welche Art und Weise ihr euch eingeschränkt und eingegrenzt habt, um diese Erfahrungen möglich zu machen. Jeder von euch erlebt, indem er in diesen Körper hineingeht, eine solche Begrenzung und ist manches Mal völlig verzweifelt, sodass ihn seine Gefühle sozusagen überschwemmen, und er mit seinen Gedanken im Kreis läuft und keinen Ausweg sieht. All dies gehört zur Erfahrung des körperlichen Lebens, und auch der Schmerz entstehen, der jedoch wieder geheilt werden kann. Alles, was die Dualität ausmacht, ist eine Möglichkeit der Erfahrung, die es sonst nicht gäbe. Deshalb habt ihr euch auf dieses so begrenzende Abenteuer eingelassen.

Ihr werdet entweder über die Möglichkeit des Todes aus dieser Begrenzung wieder herausgehen, oder durch den Aufstiegsprozess mit eurem Körper in diesem oder im nächsten Leben eine Möglichkeit finden, euren Lichtkörper zu aktivieren und damit den Körper in die Geistige Welt, in die ihr zurück wollt, mitnehmen. Ihr habt erstmals seit Tausenden von Jahren die Möglichkeit, mit eurem Körper aufzusteigen. Einige werde diese Lichtstruktur über den Körper aufbauen können.

Wenn ihr diesen Weg wählt, werdet ihr nicht über den körperlichen Tod gehen müssen. Wir achten und ehren aber auch gerade jene, die der Menschheit dienen, indem sie mit allen zusammen diesen längeren Weg gewählt haben und mit zusätzlichen Erfahrungen und Möglichkeiten für alle wirken.

Vieles, was hier passiert, könnt ihr mit eurem begrenzten Verstand nicht nachvollziehen. Ihr seid große, geistige Wesen mit einem unendlichen Mut, den ihr bewiesen habt, als ihr in diesen Körper hineingegangen seid und diesen Weg für euch gewählt habt. Wir schauen mit Dankbarkeit und Stolz auf euch, auf eure Arbeit und euer Werk und das, was ihr hier leistet, und wünschen euch allen einen guten Weg und viele Erkenntnisse, bevor ihr irgendwann gemeinsam auf immer in die Geistige Welt zurückkehrt.

Ich grüße euch von Herzen in tiefer Liebe und Dankbarkeit für alles, was ihr tut.
ICH BIN Sanat Kumara.

Aufbruch in die Neue Zeit

ICH BIN Sanat Kumara.

Ich grüße euch mit der Kraft der Liebe, die aus der Quelle allen Seins zu euch strömt. Ich grüße euch mit dieser Kraft auf der Erde, für die ich mich schon lange als Logos, als Hüter, zur Verfügung gestellt habe und die jetzt ihren Weg in eine andere Dimension, in ein anderes Bewusstsein, in eine andere Zeitebene geht.

Die alte Zeit auf dieser Erde geht zu Ende. Die alten Muster wollen sich auflösen, und die Erde hat als Wesenheit seit 2012 einen Neubeginn auf einer anderen Ebene gewagt und damit die Voraussetzungen für alle geschaffen, die mitgehen wollen und können. Es war seit langem geplant und von euch, die ihr daran beteiligt wart, so beschlossen. Ihr habt euer Bewusstsein Stück für Stück angehoben, ebenso ist das Bewusstsein der Erde angestiegen, und alle gemeinsam habt ihr mit den Wesenheiten auf diesem Planeten den Aufstieg in eine neue, höhere Dimensionsebene verabredet. Damit habt ihr alle alten Vorstellungen, wie dieses vergangene Zeitalter beendet werden sollte, über Bord geworfen und entschieden, nicht in einem Desaster zu enden, sondern wie der Phönix aus der Asche neu aufzusteigen – und in diesem Prozess ist die Menschheit jetzt.

Es wird sicherlich einige Veränderungen und hin und wieder auch Schwierigkeiten dabei geben, und für manche wird es kein leichter Weg sein. Aber ihr habt mit eurem Bewusstseinsanstieg dafür gesorgt, dass es keine Riesenkatastrophe gegeben hat und auch nicht geben wird. Ihr und alle, die daran beteiligt waren, habt gemeinsam entschieden, dass es auch leichter geht. Diese Leichtigkeit wird von allen unterstützt, die euch von außen oder innen Energie senden. Wenn man außen und innen nicht unterscheiden kann, kann diese Energie gleichzeitig aus beiden Richtungen kommen. Sie kann sozusagen nach außen strahlen und nach innen fallen. Sie ist immer da.

Ihr habt jetzt die Möglichkeit, dieser Energie aus der Geistigen Welt zu begegnen. Sei sie in eurer Vorstellung in euch oder außerhalb – sie wird von dort auf euch zukommen, wo ihr sie erwartet. Euer Inneres enthält alles, was auch im Außen ist. Ihr könnt es so fühlen, als ob es aus euch herauskommt und sich ausbreitet, oder als ob es von außen in euch einströmt und euch erleuchtet. Es ist beides richtig, und ihr könnt selbst entscheiden, aus welchem Blickwinkel ihr das Geschehen in und um euch betrachten möchtet.

Auf jeden Fall ist alles, was euch dabei begleitet, auch in der Geistigen Welt vorhanden, und wir Aufgestiegenen Meister, Erzengel und alle andere Wesenheiten, die sich insbesondere um die Erde und ihre Wesen kümmern, bieten euch alle Hilfe an, die ihr annehmen wollt. Wir können euch auf vielerlei Art und Weise helfen, wenn ihr euch dafür entscheidet, uns zu rufen. Das ist das Kriterium, um das es geht. Wir werden euch eure Arbeit und das, was ihr euch vorgenommen habt, nicht abnehmen können, weil es euer Lebensplan ist, mit dem ihr auf diesen Planeten gegangen seid. Aber wir können euch anbieten, euch zu unterstützen, wenn ihr einmal nicht mehr weiterwisst, in einer Sackgasse gelandet seid oder euch eure alten Muster einholen.

Wir sind euch für euer Tun auf diesem Planeten unendlich dankbar. Für die Dinge, für die ihr sozusagen Pioniere wart, indem ihr über den Tellerrand geschaut und euch getraut habt, eingefahrene Bahnen zu verlassen und aus Trampelpfaden breite Straßen zu bauen. Ihr habt der unendlichen Liebe, die hier strömt, neue Facetten gegeben und so den Menschen, die nach euch in den Aufstieg gehen, den Weg geebnet.

Alle, die vom Pfad derer abweichen, die vor ihnen gegangen sind, haben es am Anfang schwerer oder zumindest das Gefühl, es schwerer zu haben, nicht verstanden und nicht anerkannt zu werden. Trotzdem gehen sie den Weg als Kundschafter für diejenigen, die hinterherströmen. Jede Zeit hatte solche Pioniere, die das Neue in Gang und sich über die alten Verhaltensmuster hinwegsetzten, um zu zeigen, dass das Neue auf eine schöne und liebevolle Art und Weise geschehen kann.

All dies habt ihr getan. Auch wenn ihr euch selbst anders beurteilt, aus unserer Sicht können wir erkennen, wer von euch hier Vorarbeit geleistet und sich auf ein Terrain gewagt hat, das noch nicht erkundet war und wo es keine Lobeshymnen zu verdienen gab. Und doch seid gerade ihr diejenigen, die es verdient haben, mit guten Gedanken und liebevollem Lob bedacht zu werden, weil ohne euch die anderen nicht hätten nachfolgen können beziehungsweise werden.

In dieser Neuen Zeit wollen viele die Wege gehen, die liebevoll und so gestaltet sind, dass niemand über den Rand fällt und liegenbleibt, egal, wer oder was sie sind, und dass es in Würde, Freundlichkeit und Achtung voreinander geschehen kann, wobei sich niemand über den anderen erheben oder sich unterordnen muss, sondern alles auf einer liebevollen Ebene auf einer liebevollen Ebene geschen kann.

Wenn ihr in diese Energie kommt, euch selbst vollständig anzunehmen und zu lieben, werdet ihr auch alle anderen in eurer Umgebung so annehmen können, wie sie sind, ohne euch ihnen gegenüber kleiner oder größer zu fühlen. Ihr seid dann Partner auf allen Ebenen, jeder mit den Fähigkeiten, die er oder sie in dieses Leben mitgebracht hat. Diese unterliegen keiner Bewertung, keiner Beurteilung. Es ist da, was da ist, und das wird von allen so geteilt, und für jeden ist genau das vorhanden, was er braucht. Das wird euch als Menschen näherbringen, und ihr werdet dadurch lernen, ohne ein „Regime" miteinander zu leben.

Wenn ihr alle, die ihr jetzt auf der Erde lebt, in einem Zustand seid, in dem ihr gerne abgebt, was ihr nicht unbedingt braucht, werden alle genug haben. Ihr werdet nach und nach spüren, wenn ihr in diese liebevolle Energie kommt, dass sich eure Gesellschaft in diese Richtung verändern wird. Es wird im Kleinen anfangen, mit kleinen Gesten der Freundlichkeit untereinander, und es wird mit der Änderung von Regierungsformen weitergehen, bis hin zu einer menschlichen Welt, die alle Wesenheiten und

Reiche dieser Erde mit einschließt: das Tierreich, das Pflanzenreich, das Mineralreich. Alles, was um euch ist, wird dazugehören. Ihr werdet ein Bewusstsein für euch als Menschen und für alles, was euch umgibt, entwickeln, das einer allumfassenden Sicht gleicht, sodass ihr den Ursprung der Dinge, die euch umgeben, erkennen könnt. Ihr werdet ein tiefes Verständnis und eine tiefe Liebe mit allen fühlen, weil ihr euch mit den Dingen eins fühlt, wenn ihr diesen Weg gegangen seid.

Damit wird alle Macht über die Natur und die Lebewesen enden. Es wird der Zeitpunkt kommen, an dem ihr nicht mehr über die Tiere herrschen wollt und das Wesen der Pflanzen in Liebe annehmen könnt. Ihr schaut dann voller Liebe zu allem, was um euch ist, und seid eine Art Hüter und Verwalter der Ebenen, die ihr jetzt noch mit Gewalt beherrscht. Ihr werdet eine Welt erschaffen, in der diese alte Herrschaft nicht mehr möglich ist, weil eure Liebe, die ihr dann verströmt, nur ein Miteinander auf einer Ebene zulässt.

In Ansätzen ist dieser Zustand heute schon vorhanden. Viele Menschen haben heute schon das Gefühl, dass die Liebe zu allen Wesen wieder mehr ins Bewusstsein rücken sollte. Das wird weitergehen, wodurch ihr immer mehr in eure Liebe kommt. In diesem Prozess wird genau das geschehen, was zuvor schon gesagt wurde: Ihr lernt, euch in Liebe ganz anzunehmen, mit allen euren Anteilen, angefangen von eurem Körper, über eure Gefühle, eure Gedanken, bis hin zu eurem Geist und eurer Seele. Seid gewiss, je mehr ihr euch als das Wesen erkennt, das ihr wirklich seid, desto größer wird die Liebe zu allem wachsen, was ihr verkörpert und was euch ausmacht. Ihr werdet euch und alle eure Anteile viel mehr schätzen und lieben, als ihr es zurzeit tut, wenn ihr die umfassende Erkenntnis darüber gewinnt, wer ihr wirklich seid.

Lasst euch, um dieses Sein in euch mehr und mehr zu erkennen, von eurem Inneren führen, und nehmt euch Zeit dafür. Nehmt euch die Zeit, euch selbst zu erkennen. Lasst keine Ablenkungen zu, die euch daran hindern. Wenn ihr wirklich ganz bei euch seid, in eurem Inneren, in Harmonie und ohne Ablenkung von außen, wenn ihr es schafft, zwei bis dreimal die Woche für zwei bis drei Stunden nur für euch zu sein – nicht etwas für euch zu *tun*, sondern nur zu *sein* –, dann wird die Zeit kommen, in der euch das Außen nicht mehr wichtig erscheint.

Am Anfang wird es euch schwerfallen, aber wenn ihr es schafft, in den Raum in eurem Inneren zu gehen, werdet ihr immer mehr erkennen, dass dieser Raum euer Sein ist und nicht das, was ihr im Außen produziert. Nehmt euch Zeit für euch, für euer Inneres, für den Raum und die Zeit in euch. Seht dann, was geschieht. Ihr werdet euch neu entdecken, den Urgrund allen Seins in euch finden, und ihr werdet die allumfassende Liebe, die in eurem Herzen wohnt, euren göttlichen Funken, finden. Ihr werdet es mehr und mehr erkennen und euch als Schöpfer eures Lebens fühlen.

An einem weiteren Punkt dieser Entwicklung werdet ihr erkennen, dass alles, was ihr bisher getan und erlebt habt, aus eurer Schöpferkraft entstanden ist. So werdet ihr durch die Innenschau und die Selbsterkenntnis, die ihr dadurch gewinnt, zum Mitschöpfer eures Lebens und seid wieder ein bewusster Teil der gesamten Schöpfung. Natürlich seid ihr immer Schöpfer eures Lebens, aber es ist ein Unterschied, ob ihr es bewusst oder unbewusst seid, indem euch eure Gefühle und Gedanken lenken und beherrschen.

Wenn ihr euch selbst durchschaut und erkennt, seid ihr bewusste Schöpfer eures Lebens und in eurer Liebe eingebettet, die alles erschafft. Dieser Weg zu euch selbst ist auch der Weg zu allem anderen, denn jedes Wesen hat diesen Funken der Göttlichkeit in sich. Wenn sich alle Funken erkannt haben, wird aus dem Eins-Sein ein All-Eins-Sein – eine Verbindung zu allem, was euch umgibt. Dann werdet ihr fühlen, dass ihr nicht alleine, sondern ALL-EINS seid.

Lasst euch auf diesem Weg zu eurem Inneren von eurem Hohen Selbst führen, von eurer Seele, und wenn ihr möchtet, auch von den Wesenheiten, die ihr dazu einladen möchtet. Von unserer Seite aus sind wir gerne bereit, euch Unterstützung zukommen zu lassen, wenn ihr uns darum bittet. Fragt mich, Sanat Kumara, oder die anderen Aufgestiegenen Meister oder Erzengel um Hilfe. Fragt eure Geistführer oder die Wesenheiten, die ihr um euch fühlt. Seid offen dafür und nehmt die Hilfe an. Dann wird es für euch nach und nach immer leichter werden, euch in eurer Liebe anzunehmen und diese Liebe in eure Umgebung auszustrahlen. Ihr werdet immer das ausstrahlen, was ihr in eurem Inneren gefunden habt, und damit Stück für Stück die Welt verändern, weil ihr euch verändert habt.

Für dieses Tun sind wir euch sehr dankbar, weil es von uns nicht getan werden kann. Ihr braucht manchmal unsere Sichtweise, damit ihr erkennen könnt, was bei euch zu tun ist, weil jeder von euch durch den Schleier des Vergessens gegangen ist, als er diese Erde betreten hat. Dies habt ihr bewusst gewählt, und ihr seid dafür von uns auf tiefster Ebene geehrt und geliebt. Wir werden euch erkennen, wenn ihr wieder auf unserer Seite des Schleiers angekommen seid. Wir werden euch an dem erkennen, was ihr mitbringt. Das sind Dinge, die nur ein Engel in Menschengestalt mitbringen kann. Niemand sonst. Ihr seid die Pioniere. Fühlt meine Zuneigung und meine tiefe Liebe zu euch, die euch auf eurem Weg begleitet, egal, wie und wo ihr ihn geht. Ihr seid immer so geehrt und geliebt, wie ihr gerade seid.

Ich bitte dich, jetzt in dein Herz zu fühlen, in den Raum hinter deiner Brust, und zu spüren, wie dieses Herz schlägt und pulsiert, wie es das Leben ermöglicht, indem es den Atem transformiert und ihn durch das Blut in alle Zellen schickt. Fühle, wie der Atem des Lebens durch die Kraft des Herzens in alle deine Zellen gepumpt wird. Fühle diesen unendlichen Dienst, den dein Herz für dich tut, ohne jemals anzuhalten oder eine Pause haben zu wollen. Spüre, wie sich dein Brustraum ausdehnt, während du voller Liebe an dieses Herz in dir denkst.

Dann spüre, wie sich dein Herzensraum auf einer geistigen Ebene weiter ausdehnt und sich dein Herz von einem Atemzug zum anderen bis zu deinen Nachbarn ausdehnt und sie mit einschließt, und wie schon im nächsten Atemzug vielleicht der ganze Raum mit in deinen Herzensraum und von deiner Liebe eingehüllt ist. Schon mit dem nächsten Atemzug dehnst du deinen Herzensraum bis über diesen Ort hinaus aus und dann über die Wälder und Felder der Umgebung, über das Land, dann über den Kontinent und weiter über die Meere, bis du fühlst, dass der ganze Planet von deinem Herzenslicht umflossen wird. Du spürst, dass du in deinem Herzen mit diesem Planeten eins bist, den du mit so vielen Wesen teilst, und dass auch alle diese Wesen mit dir eins sind und in deinen Herzensraum mit eingebettet. Alle Wesen, die im Geistigen mit der Erde arbeiten – alle Menschen, Tiere, Pflanzen, Mineralien und die Erde selbst. Fühle dich mit allem verbunden, was auf und mit der Erde ist.

ICH BIN Sanat Kumara.

Sei Kanal zwischen Himmel und Erde

ICH BIN Sanat Kumara.

Ich grüße euch im Namen der Quelle, aus der alles kommt und zu der alles zurückgeht. Ich grüße euch im Namen der Einheit, des All-Eins-Seins, im Namen der Verbindung, die zwischen allem existiert, was ist.

Ihr seid ein Teil des Ganzen. Diese Wahrnehmung fällt euch in eurer Inkarnation, in der ihr so sehr mit den sogenannten Kleinigkeiten des Lebens konfrontiert seid, relativ schwer. Ihr seid so sehr mit den Dingen beschäftigt, die euch im Alltag immer wieder beeinflussen, dass ihr nur selten Zeit habt, an das Ganze zu denken. In euren verschiedenen Kulturen habt ihr euch unterschiedliche Systeme geschaffen, mit denen ihr euch immer wieder daran erinnern wollt, dass es mehr gibt als das, was ihr mit euren Augen seht, mit euren Ohren hört, mit eurer Nase riecht, mit eurem Mund schmeckt und mit eurer Haut spürt. Es gibt mehr. Dieses Mehr könnt ihr nicht einfach wahrnehmen, jedenfalls nicht mit den Sinnen, die ich eben beschrieben habe. Es gibt einen weiteren Sinn, einen weiteren Empfänger in euch, der euch das wahrnehmen lässt, was in einer Dimension jenseits der Dualität ist und euch in allem, was ihr tut, denkt und fühlt, beeinflusst.

Ihr habt immer wieder versucht, euch in allen Kulturen Systeme zu schaffen, mit denen ihr euch dem, was ich jetzt beschreiben möchte, annähert. Und ihr habt es immer wieder geschafft, eure jeweiligen Religionen in fast allen Kulturen so sehr zu vermenschlichen, dass am Ende oft nur das, was ihr selbst daraus gemacht habt, übriggeblieben ist. Den tieferen Aspekt eurer Religionen habt ihr während der Ausübung eurer Religiösität in fast allen Kulturen immer mehr vergessen. Es gab nur wenige, die hinter das Ganze geschaut haben und in den Kern dessen eingestiegen sind, aus dem ihr alle entstanden seid, die ihn mit ihrem Sinn, der außerhalb der fünf Sinne liegt, wahrgenommen haben und mit allem eins geworden sind, was ist. Diese Menschen sind in den verschiedenen Religionen oft als Propheten, als heilige Männer und Frauen, als Mystiker beschrieben worden. Sie haben euch immer wieder an eure innere Kraft erinnert. Immer wieder haben sie versucht, euch diesen Weg zu zeigen. Sie konnten es mit Worten nur schwer erklären, weil Worte kaum das wiedergeben können, was in solchen Augenblicken erlebt und erfahren wird.

Dann gab es Zeiten, die nicht so sehr an die Religionen gebunden waren, in den ihr gesagt habt: Wir müssen auch Systeme schaffen, an die wir uns zurückbinden können, ohne dass wir von verschiedenen Glaubensrichtungen beeinflusst werden. So ist dann nach und nach das entstanden, was ihr heute „Meditation" nennt. Einer von vielen Wegen, die eigene Mitte zu erkunden, ins Herz zu gehen, zu spüren, was hinter dem Sein stecken könnte, was das Sein ausmacht – eine Rückführung zum eigenen Kern und damit zu Allem-was-ist. Das eigene Sein ganz zu erfahren, waren schon immer Ziele, die die Menschen lockten, weiterzuforschen und tiefer zu schauen, als die Oberfläche der Gedanken und der fünf Sinne es erscheinen lässt.

Ihr habt es auch in dieser Kultur geschafft. Ihr habt nicht nur in eurer eigenen, sondern in verschiedenen Religionen gesucht. Ihr habt Dinge gesucht, die in euren eigenen Religionen scheinbar verschüttet waren, und über andere Zugänge oft wieder zu euren Wurzeln gefunden.

Jetzt möchte ich euch eine Meditation, ein Nach-innen-Gehen anbieten, ein tiefes Einsteigen in euer persönliches Sein, damit es zu einem All-Eins-Sein mit Allem-was-ist werden kann.

Öffne dich, lass dich mit deinem ganzen Sein in deinen Atem fallen und spüre, wie er ein- und ausströmt. Nimm nur wahr, wie dein Atem fließt. Du spürst ihn in deinen Brustraum fließen, das Heben und Senken, und wie er in deinem Herzensraum ankommt. Hier, wo sich der Atem des Lebens ausbreitet, schaust du dir jetzt dein Herz an, so, wie du dir ein Herz vorstellst, und findest dort ein Tor, eine Pforte. Du öffnest diese Pforte, gehst hinein und siehst jetzt in deinem Herzen das strahlende Licht deines Seins. Hier ist die Essenz, die du in diesen Körper mitgebracht hast, dein göttlicher Funke, der dieses Herz innerlich erstrahlen lässt.

Nachdem du dich an das strahlende Licht deines inneren Kerns gewöhnt hast, schaust du dich um. Du siehst, wie wunderschön es in deinem Herzen eingerichtet ist. Du siehst, dass dein göttliches Licht dich in allem Sein, in allem, was du bist, immer unterstützt und mit seinen Strahlen deinen Weg beleuchtet hat. Du siehst an diesem Ort, dass du immer begleitet warst und dein innerer göttlicher

Kern bei dir war, egal, ob du deine schönsten Momente oder deine tiefste Verzweiflung auf dieser Erde erlebt hast. Hier an diesem Ort siehst und fühlst du, dass du niemals alleine warst. Dein göttlicher Funke war immer bei dir.

Nun fühlst du, wie sich dieses innere Leuchten weiter ausbreitet und sich von deinem Herzensraum nach unten in deinen Körper bewegt und bis in den Oberbauch hineinsinkt, als ob hier das Licht des Herzens ein wenig schwerer wird und in den Raum des Solarplexus einsinkt und deine Kraft unterstützt, die in dir ist. Du fühlst mit jedem Atemzug, dass das Licht deines Herzens jetzt über den Solarplexus seine Strahlen über alle Nervenbahnen in deinen Körper aussendet und wie sich dieses Strahlen, diese Kraft in dir, bis in jede Zelle ausbreitet. Von der Kraft, die in dir strömt, fühlst du dich gestärkt und tief berührt.

Während deine Nervenbahnen das Licht deines Herzens weitertragen, fühlst du, wie dein Herz noch tiefer strahlt, das Licht in deinen Unterbauch sinkt und wie hier, tief in deinem Unterbauch, das Licht in alle deine Beziehungen strahlt, wie alle Kontakte beleuchtet werden, die du jemals mit Menschen, Tieren, Pflanzen, der Erde, Gedanken oder Geistwesen hattest, ohne Bewertung, völlig frei. Fühle, wie das Licht des Herzens, die Flamme deines Inneren, hier alles erhellt und klarer sehen lässt. Fühle, wie dir diese Kraft in deinem Inneren alle deine Beziehungen in einem neuen Licht zeigt.

Dann fühle, wie die Flamme deines Herzens noch etwas tiefer bis zum Steiß sinkt, wo eine Verbindung mit der Erde entsteht, deine Wirbelsäule an ihrem tiefsten Punkt *angekommen ist und nach unten strahlt. Immer wenn du stehst, zeigt die Spitze der Wirbelsäule am unteren Ende auf den Mittelpunkt der Erde. Hier fühlst du, wie das Licht deines Herzens alles beleuchtet, was du im Äußeren für dich angeschafft hast, um dich abzusichern, dich wohlzufühlen und dich in deiner materiellen Existenz einzurichten und sicher zu fühlen. Sieh dir alles an, was du um dich herum versammelt hast, um hier einen sicheren Raum für deinen Körper zu schaffen. Sieh es dir ohne jede Bewertung an. Lass es so sein, wie es ist. Lass das Licht deines Herzens darauf scheinen wie in einer Momentaufnahme, sodass alles, was da ist, angesehen werden kann. Sieh es mit dem Blick deiner Seele, deines Herzens.*

Dann lass dein Licht tiefer durch deine Beine und die Fußsohlen hindurch in den Boden sinken und fühle, wie das Licht deines Herzens Kontakt zur Erde aufnimmt und hier das Strahlen immer tiefer durch die Erdkruste hindurchgeht und weiter in die halbflüssigen Teile der Erde, bis in den strahlenden Kern dieses Planeten, der dich trägt. Fühle jetzt die Verbindung deines Herzens zum Herzen der Erde. Spüre, dass diese Verbindung immer vorhanden war, dass du niemals ohne sie warst. Ihr habt euch vor langer Zeit aufeinander eingelassen, euch miteinander verbunden, und ihr wolltet bestimmte Dinge gemeinsam tun. Die Erde hat dir deinen Platz gegeben, und du hast deinen Platz auf ihr gesucht. Es ist eine Verbindung von Herz zu Herz, vom Herzen der großen Mutter Erde zum Herzen des Menschen, der auf ihr wandelt. Fühle es.

Lass jetzt die Kraft aus dem Herzen der Erde aufstei-gen. Verbunden mit dem Licht deines Herzens steigt ein Kraftstrom aus der Mitte der Erde auf. Du fühlst, wie er von unten deine Fußsohlen berührt, in deine Beine aufsteigt und sie erstarken lässt. Dann kommt der Kraftstrom der Erde in deinem Wurzelchakra an, und du fühlst hier die absolute Geborgenheit von Mutter Erde, die dich trägt und nährt. Du fühlst die Verbindung von ihr mit dir, die Ver-wandtschaft, dass du auch Materie bist. Du fühlst die Fes-tigkeit deiner Knochen wie die ihrer Gebirge. Du fühlst hier eine absolute Sicherheit in deinem Sein.

Gemeinsam mit deinem Herzenslicht steigt der Kraft-strom der Erde weiter auf und fließt in dein Beziehungscha-kra. Du fühlst hier die Verbindung zu allen Pflanzen und Tieren sowie zu allen anderen Wesen, die auf der Erde die Luft, das Wasser und die Nahrung mit dir teilen. Du fühlst die innige Verbundenheit allen Lebens, das dieser Planet hervorbringt, und die unendliche Einheit, in der du eingebunden bist, die dich mitträgt und von der du ein Teil bist. Fühle dies und spüre die Wasser, die auf der Erde fließen wie das Blut, das in deinen Adern und Gefäßen strömt. Spüre, dass du diesen Fluss des Lebens mit der Erde teilst. Spüre das Fließen der Ströme in den Flüssen der Erde und in den Adern deines Körpers und lass dann die Kraft weiter aufsteigen.

Die aufsteigende Kraft der Erde erreicht deinen Solar-plexus. Das Strahlen deiner Nerven geht von deiner Mitte, von deinem Machtzentrum aus, unterstützt durch die Kraft der Erde, die in dich eingeströmt ist. Nimm wahr, dass dei-

ne Macht und Kraft zusammen mit der Kraft der Erde ein Potenzial bilden, das dir immer zur Verfügung steht, und du aus deiner Mitte heraus frei bist und deine Kraft wahrnehmen und leben kannst. Hier ist die Verbindung, dass Dinge, die du schon immer tun wolltest, mit der Kraft umgesetzt werden, die in dir ist. Hier unterstützt dich die Erde in allem, was zu dir gehört, was du wirklich tun willst. Hier fließt die Kraft für das Tun im alltäglichen Leben hinein. Von hier aus kannst du agieren, wenn dich die Kraft erfüllt.

Nun spürst du, wie die Kraft der Erde noch ein Stück weiter aufsteigt und sich in deinem Herzen mit deiner Herzenskraft verbindet. Nimm die unendliche Liebe dieses Planeten wahr, die zu dir strömt, dich als Teil von sich anerkennt und liebt. Gleichzeitig siehst du alle anderen Teile, die der Planet so annimmt und liebt wie dich: Menschen, Tiere, Pflanzen, alles Leben und das, was Leben ermöglicht, wird unendlich geliebt. Somit verströmt Mutter Erde eine geradezu unfassbare Liebe zu allen, die gemeinsam auf und mit ihr leben. Du spürst jetzt die Verbindung dazu in deinem Herzen.

Dein Herzenslicht, das deinen Herzensraum vorhin schon zum Leuchten gebracht hat, wird jetzt durch die Farben der Erde unterstützt, die in allen Nuancen und Schattierungen in dein Herz strömen und die Vielfalt allen Lebens zeigen, das hier ist. Sie zeigen dir die Vielfalt deiner Möglichkeiten und die anderer Lebewesen, die auf dieser Erde sind. Es sind alle Farben vertreten, die du kennst, sowie viele, die du noch nie gesehen hast. Es strahlt in allem, und alles ist in dir.

Nun steigt die Kraft noch ein wenig höher, über dein Herz hinaus zu deinem Halschakra. Du spürst, wie deine Herzenskraft und die Kraft der Erde deinen Ausdruck in dieser Welt stärken, wie hier eine Möglichkeit geschaffen wird, dich bei allem zu unterstützen, in dieser Welt das zu verwirklichen und ausdrücken, für das du hierhergekommen bist. Hier ist der Ort, die Wirkkraft, die von der Erde unterstützt wird und aus deinem geistigen Selbst kommt, das du mitgebracht hast. Hier treffen sich Himmel und Erde, um den Ausdruck deines Selbst zu unterstützen.

Wenn du von hier aus noch ein wenig höher bis in das sogenannte Dritte Auge gehst, fühlst du, wie dort ein unendlich starkes Licht und ein Summen und Tönen entsteht, das dich ausfüllt und innerhalb deines Kopfes alles strahlend hell erleuchtet. Gleichzeitig fühlst du ein Singen und Summen, als ob alle Engel des Himmels singen würden. Hier ist das Licht in dir, das von oben aus deinem Selbst einströmt.

Noch ein Stück höher, in deinem Kronenchakra, öffnest du dich für die Liebe des Universums. Jetzt ist die Verbindung vollkommen hergestellt. Du bist über dein Kronenchakra nach oben mit deinem göttlichen Selbst verbunden, mit deinem Geistselbst, das über das Kronenchakra in dich einströmt und pure Liebe ist. Es wandelt sich in deinem Kopf in reines Licht und unterstützt dann in deinem Ausdruckschakra deine Kraft, die aus deinem Herzen und deinem Sein kommt. Fühle diese Verbindung durch alle deine Energiezentren. Fühle die Verbindung, die wir zur Erde aufgebaut haben und wie sie dich von unten nach oben mit ihrer Kraft vollkommen durchströmt. Fühle deine Öffnung nach oben zu deinem Geistselbst, das dich immer begleitet, und spüre die göttliche Seele in der Mitte deines Brustraums, in deinem Herzen, und wie alle diese Energien gemeinsam für dich da sind.

Du bist ein Kanal zwischen Himmel und Erde. Du bist Vermittler und Energieträger, der zwischen den Dimensionen wandelt. Du bist jetzt in der Phase, in der du die Möglichkeiten, die sich auf dieser Erde ergeben, neu betrachten kannst. Fühle dein System in dir. Fühle die Unterstützung durch Alles-was-ist und lass sie in dir wirken. Dadurch kommst du bei dir selbst an. Du wirst spüren, dass du immer mehr bei dir ankommst, je öfter du durch deine Energiezentren auf- und absteigst, je öfter du dir bewusst machst, wie stark du mit der Erde und gleichzeitig mit allen Himmeln verbunden bist, die über dir sind.

ICH BIN Sanat Kumara, und ich wünsche dir, dass diese Verbindungen, die wir hier aufgebaut haben, immer für dich präsent sind.

Danksagung

Wir, die Kristallfamilie, sind eine ganz normale Familie und gleichzeitig eine Seelenfamilie mit einem gemeinsamen göttlichen Plan. Unser Sohn hat uns alle geweckt. Unsere Tochter, Mutter unserer zwei lichtvollen Enkelkinder, unterstützt unsere Arbeit ebenso wie unser ältester Sohn. Der jüngste Sohn und unser Schwiegersohn bereicherten das Leben der Familie von Anfang an mit ihrer Kritik und ihrem „Alles-infrage-Stellen". Die aktiveren Kinder haben sich aus der öffentlichen Lichtarbeit etwas zurückgezogen. So kam es dazu, dass wir, Karin und Gerold, mehr auf unsere gemeinsame Kraft gelenkt wurden und seit Juli 2011 zusammen Channelabende und Seminare durchführen.

Durch die Hilfe und den Austausch innerhalb der Kristallfamilie werden wir unterstützt, beraten und in allen Prozessen begleitet. Kleine Egospiele, Ängste oder Unsicherheiten werden immer schnell aufgedeckt. Jedes Mitglied der Familie hat seine Spezialität. Obwohl es zwischendurch auch sehr anstrengend ist, führt dieser Austausch zur ständigen Weiterentwicklung.

Die Aufgestiegenen Meister, insbesondere Sanat Kumara und Saint Germain, führen uns seit 2008 liebevoll mit ihrer Präsenz. Sie geben uns bei Bedarf immer den Überblick aus ihrer Sicht, sowohl in unserer Arbeit als auch in unseren persönlichen Prozessen. Es gibt immer wieder Höhen und Tiefen wie bei allen anderen Menschen. Doch wir sind sehr glücklich, diese Arbeit tun zu dürfen.

Besonders danken möchten wir auch den Menschen aus unseren Gruppen und Seminaren, die mit ihren Energien, Themen und Fragen zur Entstehung der verschiedenen Texte beigetragen haben, und dem Schreibengel Bärbel, der immer dafür sorgt, dass die Bücher so schnell entstehen.

Karin und Gerold Voß

Kontakt

Gerold und Karin Voß / Kristallfamilie
Am Rodenkamp 29, 31061 Alfeld/Leine
Tel.: 05181/900 956
eMail: info@kristallfamilie.de
www.Kristallfamilie.de

Wenn Sie Interesse an spirituellen Reisen, Seminaren, Einzelchannelings, Heilungen, Klärungen oder Meditationen haben, erhalten Sie ausführliche Informationen auf unserer Internetseite. Hier finden Sie weitere Botschaften zum Lesen, Hören und als Video.

Karin & Gerold Voß
Sanat Kumara –
Die letzte Schwelle vor dem Aufstieg
Zukunftsausblick der Aufgestiegenen·Meister
176 Seiten, A5, broschiert
ISBN 978-3-941363-69-4

Sanat Kumara, Hilarion, Saint Germain, Kuthumi, Sananda und Serapis Bey malen wunderschöne Bilder der zukünftigen Erde vor unserem geistigen Auge. Mit diesem Zukunftsausblick fällt es uns leicht, kraftvoll und mutig mit der Erde in den Wandel zu gehen.

Es werden viele verschiedene Themen angesprochen, zum Beispiel, wie wir wohnen und leben, wie unsere Nahrung sein wird, wie wir mit den Tieren in der Zukunft umgehen und wie sich Partnerschaft und Sexualität auf der Neuen Erde entwickeln.

Dazu gibt es von Sanat Kumara und den anderen Aufgestiegenen Meistern viele praktische Hinweise zum Aufstieg, in einer Sprache, die von Herz zu Herz geht und die liebevolle Energie fühlen lässt.

Karin & Gerold Voß
Sanat Kumara – Werde ein offener Kanal
Channeltraining mit den Meistern der göttlichen Strahlen
208 Seiten, A5, broschiert
ISBN 978-3-941363-82-3

Die Neue Zeit ist da, und mit ihr sind alle Potenziale vorhanden, selbstbewusst mit der Geistigen Welt Kontakt aufzunehmen und zu erweitern.

Die Botschaften der göttlichen Strahlen können für viele eine Initiation sein, um mit einem offeneren Bewusstsein weiterzugehen und eine größere Klarheit in allen Lebensbereichen zu erreichen.

Die Liebe, die einmal das ganze Feld des Seins durchstrahlen wird, kann noch nicht immer gefühlt werden. Es gibt noch „Baustellen" und innere Anteile in vielen Menschen, die noch nicht ganz in Harmonie sind.

Sanat Kumara und die Meister/innen der göttlichen Strahlen wirken mit ihren speziellen Energien auf das Chakrensystem, um es zu reinigen und in Balance zu bringen. Das ist die Voraussetzung dafür, dass sie in Zukunft zu einem einzigen, über das Herz orientierten Energiefeld werden. Dadurch öffnet sich in jedem Menschen der Kanal zwischen Himmel und Erde.